中国道教文化之旅丛书

终南圣境
金仙观

总 主 编 张继禹
本册主编 贾慧法
编 著 张剑锋 梁兴扬

华夏出版社

《中国道教文化之旅》编辑委员会

总 顾 问：任法融
总 主 编：张继禹
主　　编：王哲一
执行主编：王炳旸
副 主 编：

黄信阳	黄至安	丁常云	唐诚青	赖保荣	刘怀元	林　舟	张金涛
张凤林	孟崇然	黄至杰	李诚道	张东升	袁志鸿	张明心	胡诚林
谢荣增	陆文荣	董沛文	刘世天	王书献	孙常德	史孝进	吉宏忠
王怀静	杨世华	詹达礼	高信一	吴诚真	李文兴	王至全	袁宗善
刘兴龙	欧治国	喇宗静	张崇新	赵理修	王崇道	邓信德	蔡万圻
董中基	廖东明

编辑工作办公室主任：张兴发
编辑委员会委员：

任法融	张继禹	黄信阳	黄至安	丁常云	唐诚青	赖保荣	刘怀元
林　舟	张金涛	张凤林	孟崇然	黄至杰	李诚道	王哲一	王炳旸
袁志鸿	张明心	胡诚林	谢荣增	陆文荣	董沛文	刘世天	王书献
孙常德	张兴发	冯　鹤	郝光明	李信军	张　凯	吉宏忠	姚树良
张开华	翟仁军	成笃生	刘少波	黄健虹	吴信达	潘志贤	杨梦觉
陈明昌	张至容	杨明江	邹理慧	郑明德	吴诚真	刘玄遵	蔡亚庭
朱　泽	欧治国	万　文	王理砚	陈万赟	林美菊	陈信桂	廖信杰
贾慧法	任兴之	陈法永	孙敏财	尹信慧	杨世华	冯可珠	郑志平
简祖洪	薄建华	李宗贤	霍怀虚	张诚达	刁玉松	李　福	詹和平
陈理复	李宗旭	袁宗善	喇宗静	邓信德	赵理修	陈崇真	王崇道
王高静	史孝进	王怀静	詹达礼	高信一	王金华	李文兴	王至全
刘兴龙	张崇新	蔡万圻	董中基	廖东明

序

  殷商时期，道祖降临神州大地。他所倡导的致虚守静、少私寡欲、无为而治、道法自然、返朴归真、和光同尘等思想，深深影响了中国哲学；他所著《道德经》，提出了"道"、"自然"、"无为"等等著名的哲学概念，成为中国哲学的基石之作。

  两汉之际，中国又出现了一位真人张陵，他奉老子为道祖（太上老君道德天尊），以老子《道德经》为祖经，以道为宗本，创立道教，融合传统宗教习俗，追求天人和谐、家国太平，倡导真正、积善成功、福臻家国，相信修道积德行善定能平安幸福、长生久视。

  魏晋南北朝，道教人士秉承老子思想，光大张陵道风，建立弘扬道教文化的宫观，从此道教文化有了自己的文化宣传窗口，向世人展示着自己独特的魅力。

  宫观发展至今，已成为道教信仰和修道者的圣地。成千上万的道教徒们在宫观内过着如法如仪的宗教生活，成万上亿的道教信徒们到宫观开示解惑、朝拜神灵、祈福禳灾。许多高道依托宫观实现了他们致道成仙的人生目标，如张道陵在大邑鹤鸣山驾鹤飞仙，许逊在南昌西山白日飞升，张三丰在武当山得道成仙。

  宫观传衍至今，已成为中国传统文化的重要载体。每一个宫观都有着它的历史传承、人物故事、文物胜迹、经典书籍和建筑艺术等等，这些均构成了本宫观的文化，这些文化又是宫观所在地文化不可或缺的重要组成部分。这不仅是宫观的，也是道教的，更是社会的传统文化。如张道陵祖师依托二十四治创立天师道，形成了天师道文化；杨羲、许谧依托茅山的靖庐创立了道教上清派，形成了茅山文化；许逊依靠万寿宫，形成了净明道忠孝文化；邱处机凭借白云观推动了全真龙门派的发展，形成了龙门祖庭文化。

　　宫观传承至今，已成为道德伦理教化的场所。道教宫观中供奉的神灵，有古代神话中的人物，还有山川河岳等自然界的神灵，更有有功于社稷、有惠于黎民而为民众所敬仰的地方神灵。道教崇奉神灵的原则是"尊道贵德"，倡导崇尚德行、敬仰贤能。如道士孙思邈是古今医德医术堪称一流的名家，尤其对医德的强调，被后世的习医、业医者传为佳话。他的名著《千金方》中，也把"大医精诚"的医德规范放在了极其重要的位置上来专门立题，重点讨论。而他本人，也是以德养性、以德养身、德艺双馨的代表人物之一，成为历代医家和百姓尊崇备至的伟大人物，被道教崇奉为"药王"。又如道教崇拜的城隍神，皆为世间人之正直者，有"功施于民则祀之"的说法。他们有的是地方的"清官"，正直无私，秉公办事，能为民消灾解难者；有的是有功于国于民的"功臣"，生前曾对某地乃至全国作出过一定贡献，人们牢记其功绩，奉之为神灵；还有人间正直者，他们生前为人正直，与人们所希望的城隍神形象较为接近；更有世间乐善好施者，在中国传统社会中，积功行善，乐善好施者，往往受到人们的崇敬；当然也有神能者，生前有异能，造福乡民，人们相信他死后可以充当城隍之职；还有善鬼，人们认为，人死后进入阴间而为鬼，但只要积德行善也能提升。可见，城隍信仰中"人之正直，死而为神"的观点，正是人们把美好理想和愿望

寄托于神灵，希望他们能像生前一样公正无私，造福于民。同时，也鼓励人们积极向上，崇尚德行，讲求孝道，对人们具有一定的教化功能，在一定程度上又构成了伦理道德体系。

同时，道教的宫观还是济世利人的基地，是服务社会、利益人群的场所。道教宫观导人向善的教化功能本身就发挥着净化社会的崇高精神。从历史上看，道教宫观曾经发挥过济世救人的功能。如张鲁行宽厚仁慈之政，以道教化世人，设立义舍于路边，放置米肉于其中，让过路的人量腹而食；邱处机在北京白云观创立十方丛林，收容遭战乱无家可归的人，多达数以万计，清乾隆皇帝赞扬说："万古长春不用餐霞求秘诀，一言止杀始知济世有奇功。"清代道士闵一得，主持金盖山纯阳观，大振玄风，乐善好施，奖掖后进。当代道教宫观，不忘祖训，更加积极投入到社会慈善公益事业中。道教宫观植树造林、美化环境；赈穷补急、兴利除害；积功累德、慈心于物；忠孝友悌、正己化人。如道教宫观在甘肃的生态林建设，"九八洪灾"捐款，四川地震灾害捐献等等，均彰显出道教宫观济世利物的高尚品德，由此清楚地看到宫观在道教传承中的地位和作用。

为了打造道教文化精品，提升道教品位；繁荣文化市场，满足群众需求；整合道教宫观资源，形成道教文化合力；推动对外文化交流，促进道教健康发展，响应"推动社会主义文化大发展大繁荣"号召，中国道协文化研究室以道教宫观为研究对象，推出"中国道教文化之旅"大型文化研究项目，把道教宫观文化承载的道教义理、建筑、绘画、生态等智慧和道教生动感人的故事展现出来，通过一座座宫观的文化之旅，探索、发现了道教许多不为人知的价值内涵，从而彰显道教的人文精神。这样可以向社会人群提供优秀的道教精神产品、凸现道教文化魅力、创造良好的社会效益。从而提升道教形象，扩大道教影响，增强道教的亲和力，为构建和谐社会

作出积极有益的贡献。

感谢国家宗教局领导对《中国道教文化之旅》的大力支持，感谢各省道教协会、各宫观高道大德的积极参与，感谢今日集成广告有限公司张东升先生的热情襄助，感谢华夏出版社编辑的辛苦付出。我相信，道教文化的魅力与人文精神一定会通过本套丛书的出版而弘大显扬。

张继禹

2011年1月谨识于北京

神仙

书录余仙姐 清尘道人之作 题于壬辰年春

◎ 清尘道人书法

◎ 清尘道人·一团和气图

目　录

终南山上起烟霞 / 1
  人间仙境终南山 / 4
  终南自古神仙地 / 8
  神仙种子传海外 / 11

武帝求仙建玄坛 / 15
  大汉时代谪仙人 / 16
  神仙方士聚朝廷 / 19
  会向瑶台逢月下 / 25
  人间通天玄都坛 / 27
  玄都坛上显道教 / 35

历经千年玄都坛 / 37
  长安城外终南道 / 38
  终南道上神仙客 / 42
  玄都坛下隐仙人 / 45
  千年古坛放玄光 / 55

钟离修道终南山 / 65
  吕岩长安得度化 / 66
  终南道脉入海东 / 74

玄都坛下金仙观 / 79
  玄都坛上听风吟 / 80
  长移一榻对山眠 / 84

　　子午道上子午茶 / 86

韩国道教立祖庭 / 91
　　玄都坛连金仙观 / 92
　　道教名胜金仙观 / 98
　　韩国道教源金仙 / 102

道教传入新罗国 / 107
　　自古终南多仙话 / 108
　　神仙国度有新罗 / 112
　　大道传入新罗国 / 116
　　中韩道教畅道情 / 119
　　新罗道派大发展 / 125

云深不知向何处 / 131
　　羽化仙人金可记 / 132
　　群仙云集玄都坛 / 138

洞天福地神仙处 / 143
　　海外仙山神仙居 / 144
　　终南仙山神仙窟 / 154
　　竹影摇风送清音 / 159

山水云间金仙观 / 167
　　终南山水接云端 / 168
　　子午峪里寻真仙 / 174
　　玄都坛下一画仙 / 185

千年回眸修心地 / 191
　　人人都是谪仙人 / 192
　　陌上花开迟迟归 / 195

终南山上起烟霞

在长安南面的群山中，子午峪可谓是终南群山的核心部分。而自古以来终南山就是神仙乡，从上古昆仑山神话开始，周穆王、秦始皇、汉武帝在这一列山脉中追寻神仙的踪迹就没有断绝过，同时这里也活跃着道教最早期的代表人物，在老子之后，八仙七真以及将道教传播到韩国的那些白衣飘飞的羽士仙客们从来没有离开过，他们一直在守候并且传播着道的火种。

◎ 金仙观全景

终南圣境金仙观

人间仙境终南山

在古代，从长安城驾着马车一直向南走两个时辰，便可到达长安城南方的屏障——终南山。终南山有着茂密的森林，山下的小镇是子午镇，小镇四周可以种麦子和水稻，河流上可以放舟，小镇上的人经常能看到那些从山上下来白衣飘飘的人，他们玉肤雪肌，神情肃穆，行踪飘忽，人们对此习以为常，并称其为羽客，那些樵夫和采药人经常在进山遇到困难时受到羽客的关照。

子午镇的南方是子午峪，一条河从山谷中流淌出来，烟霞浮动在河水上，山谷纵深六百多里。子午在道教修行中是阳气发动和转化的两极，自

◎ 终南山日落景象

古以来到这个具有道家修行之意的山谷探访的烟霞客便不可计数，同时它也是都城长安和南方的主要交通要道，古道驿站上驿马奔流不息，溅起的尘土，飞扬过千百年的岁月。

那些餐霞饮露的修道者们端坐在古道旁的玄都坛上，仰望苍穹，手握黄卷，一凝神，时光漫卷竟过了千年，终南山上的黄栌子花开花落，道气氤氲，从那里升起来遍布九州寰宇。

中国历史上那些强大的帝国缔造者们大都会选择在大山和河流之间定都，以借助山水的灵气并接受宇宙中浩大的能

◎ 金仙观－玄都坛

量。在距离子午峪不远处是周王朝曾经依赖的沣河和滈河，而汉朝的天子曾将子午峪作为都城建筑坐标的中心，那些居住在长安城里的人，每当静夜便会推开朝南的窗子，终南山上的风会把溪水的声音、松树下的虫鸣送进他们的耳朵。

汉朝的时候，长安城南的朱雀山是子午峪中的一座，那些从宫廷里来的官员、士兵渴了的时候，可以弯下腰捧起水喝，站起身的时候，清凉就已经在他们心里了。

这一片清凉之地，很多人走到这里会情不自禁停下脚步。从终南山深处流泻出来的山泉汇聚成河流，在接近平原的地方突然变得舒展，那些准备进入山林的修行者、诗人、行者、隐士、云游者以及采药者都会对这水产生兴趣。自古将自己融入自然的道家从来崇尚水的德行和智慧，如果河水清澈可以用来解渴、洗脸，如果水浊了顺便可以洗洗脚，而世

事正如这水。

在更早的时候，在这座群山的西面有一位大隐者，他在那篇著名的东方圣经《道德经》中阐述了水和道的关系，鸿蒙之初，长安之南的这列山脉就被选择和道发生关系。在中国版图上更大的范围内，向西越过渭河上游的崆峒山和鸟鼠山再往西就是传说中的昆仑山，在这个广袤的范围内曾经都出现过飘飞神仙的踪迹，在天地初生之始，那里便成为神仙的国度。

道家早期的地理著作《山海经·西次三经》描述昆仑是天帝在地上的都城，传说中的昆仑，既高且大，为中央之极，也是连接天地的天柱，仙人万一还想上天，这是绝妙的歇脚之处。《山海经·海内西经》说它是海内最高的山，方圆800里，高达七八千丈。上面长着一种木禾，高四丈，粗够五个人合抱的。山的每一面有九口井，每口井都用玉石做栏杆；每一面又有九道门，每道门都有开明兽在那里看守着。昆仑之中，疏圃之池，浸浸黄水，黄水三周复其原，是为丹水，饮之不死。仙界所需之物，这里应有尽有，有不死树、不死药、不死水等。早期仙人，不必修炼，只要吃些不死之物便可达到长生不死的目的。传说黄帝吃的是一种玉膏，从而修得圣人变成了仙界首领。

不光上古的神仙将他们自己安顿在昆仑和终南山这列群山里，后来更多的道家以及那些逍遥的羽客都证明了这座山在道教中的重要意义。在道教还处于胚胎孕育的时期，那些具有浓重的道家色彩的人如轩辕黄帝、大禹、姜太公、周文王、周武王和战国早期的鬼谷子、秦朝的商山四皓等都乐意活跃在这一带。被昆仑山吸引的周穆王为了到达神往已久的昆仑山不惜发动战争，他以擅长制造的造父为车夫，以诸侯进献的八骏（赤骥、盗骊、白义、逾轮、山子、渠黄、骅骝、绿耳）为御驾，西征而去，一路征讨，抵达昆仑之丘。西王母出来阻止他，请他观黄帝之宫，迎他上瑶池，设宴款待，两人诗歌相和。史记则说穆天子"得四白狼、四白鹿以归"。西王母回访，穆王在昭宫款待西王母。

在中国上古的文化中，地理意义上的昆仑山和文化意义上的终南山彼此不可分割，以至于一部分道教的修行者认为终南山的范围包括了

神话中的昆仑山,否则万里终南山无从谈起。另一些民间的独立学者认为,终南山西起昆仑山,绵延近万里,在中原有三支余脉,北边的是北邙山,中间的是伏牛山,而南面的则是武当山,从地理概念上它们也没有完全断裂。关于终南山广义的概念,中国台湾地区的一位学者杜尔未也用他的学术成果给予了佐证,恰好这个范围涵盖了中国上古文化核心的部分。

◎ 子午峪景区

终南山的群山因为布满了无数条人间通往天界的通道而被称为"道教七十二福地"之首,那些秘密的通道在道教中被称为洞天。在唐朝,因为那位冒牌隐士卢藏用,很多人误解了终南山捷径,以为捷径只属于仕途。在这个故事背后其实隐藏了一条神秘的不为人知的捷径,那是一条通往仙界的通途。

终南自古神仙地

在老子入关之后的近一千年里，在围绕老子当年讲经的古楼观台的终南山核心区域，道家的修行者从来没有停止过探访，因为就连巢父和许由这样早的道家的隐士都认为老子依然云游在终南的群山中。在秦始皇时期，黄石公、张良、谷春等道教的仙真也还是活跃在东至华山西至太白山这一区域。在广袤的终南群山中，老子讲授《道德经》的那一系列山脉被认为是这个群山的中心，而子午峪正是靠近这个中心的重要的一部分。

◎ 道德天尊圣像

在中国的历史上，除了周朝800年漫长的统治以外，能与其比美的只有汉帝国和大唐帝国，有趣的是周朝和汉朝的历代统治者不约而同选择将道家思想作为其主要统治思想，而后来的大唐盛世也不例外。公元前1世纪左右，大汉王朝的统治者汉武帝像他的祖先一样保持了对道文化的热情。

这一点没有因为他罢黜百家、独尊儒术而终止，除了在终南山下挖掘太液池，池中仿照传说中的海上仙山分别筑蓬莱、方丈、瀛洲三山，期待与从终南山上下来的仙人在那里相会以外，他还令人在终南山的子午峪利用自然山峰修建了一座祭祀天神的坛，名为玄都坛。"玄都"是道教最高神元始天尊所住的玄都玉京七宝山，在大地上这个对应点正好是终南山子午峪中一座耸然独立的山峰，正好汉帝国的都城也将这个山谷作为都城的中轴线，以此达到天人合一的目的。玄都坛同长安城北方渭北高原上的天齐祠共同构成都城长安的建筑基线，两个地点与长安城中心同处一条经线，分毫不差。

早在汉武帝之前，终南山的修行者们就曾利用这个祭坛来沟通天地，在那个接近玄都的高台上远离俗尘浊气，仙鹤和鸾鸟从天外飞来，天界的大门开启，那些能将污浊之气排出体外的修行者随烟霞上升，天花烂漫，玄乐飘飘……

每当朝廷出现重大事件或者天象异常，宫廷中负责观星望气的官员便兰香沐浴、神情肃穆地登上玄坛向上天祈请启示。白色的大鸟翅膀掠过山峦，煽动着流云飞过终南山深处的太乙峰，那里云层中滚动着闪电，也流动着七彩的霞光，那里的群峰高耸入云，山上长满了灵芝、跑动着异兽。如果有修行者想要与神仙沟通，那么他们可以踏着禹步，用龙章凤篆来书写他们的请求，如果神灵愿意授权他们其中一位去阐扬大道，则会将宇宙中轻轻的云气凝结而成云篆天书，供大地上肩负使命的修行者背上云笈在人间传播那些璀璨的经典。曾经有一些人就是被选择传播上天旨意的，如这座山附近活跃过的那一袭袭白衣飘飞的身影，他们中有寇谦之、钟离权、王重阳等。

除了道教最核心的《道德经》以外，《灵宝经》和《阴符经》也出现在广义的终南山范围里。南北朝的时候咸阳人寇谦之在嵩山的岩洞里发现了《阴符经》，之后他在骊山遇见骊山老母，获得《阴符经》内含的秘密，随后他改革了张道陵创立的天师教。而在唐朝之前，钟离权则在终南山修道的时候在一个岩洞中发现了《灵宝经》，他的洞府就在终南山鹤岭。

东汉时期钟离权出生在终南山下不远的渭河边上。后来他带兵出征，在与胡人的战争中兵败，误入终南山，一位碧眼胡僧将他带到山谷深处的一个村庄，在那里他遇见一位老人，那位老人传授他赤符玉篆、金科灵文、大丹秘诀、周天火候、青龙剑法，据说那位老人就是东华帝君。在等待了

终南圣境金仙观

◎ 金仙观晨景

漫长的几个世纪以后，钟离权来到长安城外的一个酒肆，在那里他遇见了注定要等待的书生吕岩。他们在一起喝酒的时候，吕岩诉说自己的志向，他想考取功名实现自己的人生价值，钟离权则奉劝他出尘修道，当时他们话不投机，不欢而散，接着吕岩在那个小酒馆里做了一个梦，梦见自己金榜题名荣归故里，并且度过了漫长的一生，梦醒之后自己依然在小酒馆里，于是他恍然大悟追寻钟离权而去。

他们的对话被整理成为一部经典《钟吕传道集》，在那部书中，钟离权将道教的秘密公示天下，在他之前从来没有哪个人将道教修行的秘密那样直白地公布给世人。

公元7世纪，李白和杜甫共同的朋友元丹丘选择了在子午峪的玄都坛下结庐隐居，之后修建了许多道观，分布在坛顶及周围。在玄都坛周围的道观中，最著名的是金仙观。金仙即"金刚不坏之仙"，是道教神仙的称谓。因道教神仙起源于西部的昆仑山和西王母，西方属金，故名金仙。唐代长安城内不仅有玄都观，还有为金仙公主修建的金仙观，同子午峪遥相对应。

神仙种子传海外

在长达几个世纪的岁月里,钟离权一直出入终南山核心的这一部分群山,在接引其余七位神仙回归天界之后,他一定经常徘徊在古老的玄都坛上,等待一个人,那个人就是后来将"道"的种子传播种植在海外韩国的金可记。在那之前,高丽国有人曾看见从大唐来的人骑飞龙出现在高山上空。公元 9 世纪中叶,新罗人金可记从高丽出发向大唐长安跋涉而来,他是前来留学参加科举考试的。在来自世界各国的留学生中他清尘脱俗,才华无法遮挡,很快他考取了"宾贡进士"。这位进士并没有留在长安城中等待皇帝任命,而是出了城门上了终南山。唐朝时期长安城朱雀门朝南是南五台,虽然都城的中轴线不再对应子午峪,但是山谷里的修行者并没有因此而减少,吸引他的应该是冥冥中的召唤。与其说他前往大唐是考试,不如说是寻梦,因为刚到长安,他就听说出了朱雀门一直朝南的山谷有一片山水,那里白云蒸腾,身穿白衣的仙子往来云端,手握造化,洞彻玄妙……

金可记进山谷跋涉五里,

◎ 韩国道教祖庭石碑

◎ 崔致远仙像

只见山势紧收，壁立千仞，在两条河流交汇的地方有一座突起的山峰，似乎在那里等待他亿万年了。他听路上的樵夫说，那座山峰上有一位道人已经在那里坐了很多天纹丝不动。当远远看到那个端坐道人的时候他心中一颤，此刻的这个画面曾经不知道多少次出现在他的梦中，几乎同时，那个道人睁开眼睛，目光犹如闪电，他说："你终于来了，我等你已经很久了……"

"宾贡进士"不打算再回长安城了，这里才是他魂牵梦绕也注定是他生命中最重要的地方。几年以后，道人将丹术传授予他，后来他才知道师父就是传说中的仙人钟离权。山中学道的金可记每日净手焚香默诵《道德经》，间或绝粒辟谷静坐玄览毫不懈怠。玄都坛下的山谷里栽植花果无数，他在山中静心修道三年，一天看着东边日出，思念故乡及航海所见所闻之景物。"思归本国，航海而去"。

金可记在回到故土新罗之后，又回归终南。公元857年，即唐大

◎ 金可记仙像

◎ 大殿

中十一年十二月，他向宣宗上表言：臣奉玉皇诏，为英文台侍郎，将于明年二月二十五日成仙升天。宣宗皇帝崇尚道教炼养，于是十分重视，派使者征他入宫，金可记固辞谢绝。

在春花烂漫的时节，一天春景明媚，玄都坛上飞来云鹤，笙箫金石，羽盖琼轮，幡幢满空，金可记"升天"而去。

金可记仙逝后，有好道者将他的传记同杜甫的诗一起刻写在巨石之上，现在那块被风雨剥蚀的摩崖石刻依然存在。

金可记并不寂寞，从高丽到长安的路虽然遥远但敌不过缘分，1000多年之后，金可记的名字已经在发黄的经卷里快被人们遗忘，金可记的追随者们重回大唐长安寻找祖先的遗迹，幸好那通石碑仍在玄都坛，而道也从未改变。当年被金可记带回高丽的道的种子已经相继在全世界开枝散叶。

在钟离权传道给金可记大约300多年后的一天，钟离权和吕洞宾在山下的一座叫甘河的桥上出现，在桥上他们与一位喝得大醉的人相遇，而那

个人就是后来创立道教全真派的祖师王重阳。在"活死人墓"中闭关三年之后，王重阳东出潼关赴东海收"全真七子"，在他之后，"全真七子"开启了道教2000多年来最大范围的传播与发展。

数年前有修行者在终南山一个陡峭的悬崖壁上发现了一个岩洞，岩洞的石壁上写着正阳洞，而钟离权的道号正好是正阳子，有人说那就是钟离权曾经在终南山白云深处的家。在终南山与仙鹤相关的地名不鲜见，只是人们看不见仙鹤，但是也不必失望，那只飞去无消息的仙鹤也许正自云端翩翩而来。

武帝求仙建玄坛

大汉帝国建国之后，汉武帝以无比的热情投入到寻仙访道的浩大工程中，除了众多方士在他周围活跃之外，他还修建了祭天的玄都坛，在这座玄坛下后来产生了道教重要的传承。

终南圣境金仙观

大汉时代谪仙人

公元前206年,汉高祖刘邦在终南山南麓汉水之滨立国号为汉,汉帝国建立初期任用道家人物张良、曹参、陈平统一天下定都长安。汉朝建立初期推崇道家思想,尊崇黄老之学,在朝廷之外,那些在终南山深处隐居不仕的如商山四皓这样的隐士们,虽然远离庙堂但也间接影响着庙堂之上的君王,战乱之后汉天子认为应该采用道家思想休养生息,使百姓安居乐业。于是数代君王采用道家思想治理天下,到汉文帝和景帝时出现少有的盛世,在景帝之后窦太后也是道家思想忠诚的维护者。

汉景帝时期,河间王患病,医官束手无策。于是派遣使者四处寻访,

◎ 西安汉城湖汉武帝雕塑

◎ 韩国副总理陈昌烈参访金仙观

终于觅到一位高人。这位高人名玄俗，经常卖药于集市，据说他的药能令人起死回生，他的药卖给那些富人售价黄金十两，对贫穷者却分文不取。玄俗见到河间王对他说："因为你曾经在狩猎时放生了一头已经怀孕的鹿，看在你有好生之德的分上我可以为你去病。"玄俗还诊断他的病会遗传六世，妃子、宫女也被传染。河间王服用了玄俗的药物排泄出数条袅袅而动的蛇，疾病痊愈。之后这位隐士不知所踪，景帝派人寻访多年未遂。

公元前149年，即汉景帝中元元年，平原人东方朔出生三日后母亲去世，他被父亲张尹遗弃在路边，邻居收养了他。六岁的时候他失踪归来，声称遇见仙人玄俗，玄俗传授他蓬莱及神州真形图。

他长大一些的时候云游于鸿蒙之泽，见到一位老妇人采桑，之后在那里他看到一位黄眉老翁，老翁指着那位老妇人告诉东方朔，他是太白金星托生，这位妇人就是他的母亲，他们在那里隐居服气已久。老翁的瞳孔闪烁着青色的光芒，可以看见凡人看不见的事物，仙人三百年洗髓，二百年

毛发更替，他已经两次洗髓五次毛发重生了，他对东方朔说我们不久便会再见，说完二人携手踏水而去。

公元前140年，即汉武帝建元元年，东方朔上书，他在给汉武帝的上表中推荐自己的才华。但是他的才华被汉武帝真正认可的原因是迎合了汉武帝遍及九州八荒寻访神仙的志趣。

东方朔的主要职责是为汉武帝解答疑难，这是东方朔在中国文学中的基本形象之一。最早记载东方朔的文献是《史记》，既然解答疑问，总是免不了解释怪异之事，东方朔也喜欢讲述神怪，在《汉武帝内传》之中记载东方朔最后腾空而去，典籍中说东方朔是天上的天岁星，他在天上仙宫触犯了条律，被贬下人间，只不过到人间待了十八年。

神仙方士聚朝廷

从春秋战国时期起,帝王就相信海中有神仙,有长生之药。早期燕王、齐王已派人寻仙,秦始皇也派徐福率庞大船队寻仙。汉武帝也相信这种说法,并因此崇信方士。武帝虽然好儒,也受黄老思想熏陶,而黄老尚自然、清静无为的一面似乎对他毫无影响,他独钟情于黄老玄奇的一面。他十七岁登基,"尤敬鬼神之祀"。

在东方朔来到汉武帝身边之前,汉武帝遇到一个叫李少君的方士,自称有祭灶、驱鬼、辟谷、长生不老的药方,还说曾到海上见到了仙人安期生,安期生吃的是一种大枣,像甜瓜那么大。要见仙人,须先祭祀灶神,鬼神就会降临,丹砂就可以化为黄金。用这种黄金做饮食的器皿,就可以益寿延年,见到神仙。再进行封禅,就可以长生不死。

武帝有一旧铜器,考问少君。少君回答:"这是齐桓公时代的铜器。"后来武帝经案验,果然是桓公时代的遗物,于是他"以少君为神,数百岁人也"。识认出一件旧铜器的时代,这有一定的学识经验即可办到,由此推断少君有相当

◎ 汉武帝

学识，才符合逻辑，但武帝却由此判断少君是神仙，不免有些草率。李少君初试小技得逞后，诱使年轻的汉武帝去海上求仙，于是汉武帝派遣方士入海求蓬莱、安期生之属，而从事于用"丹砂药剂化为黄金"。汉武帝此举的后果是"海上燕齐怪迂之方士多相效，更言神事矣"。在汉武帝兴致勃勃地准备的时候，李少君死了。

李少君死后两年，武帝开始对方士少翁、栾大等着迷。当时汉武帝的宠妃李夫人刚死，汉武帝思念不已，李少翁说可以招致李夫人，夜里，武帝坐在帷帐中，果然远远地望见了李夫人。之后少翁因造假被武帝所杀且不说，武帝却见了栾大"大悦"，为什么呢？因为他对杀少翁已经非常后悔，"恨其早死，惜其方不尽"。栾大相貌堂堂，又"敢为大言"："臣尝往来海中，见安期、羡门之属……臣之师曰：'黄金可成，而河决可塞，不死之药可得，仙人可致也。'""臣恐效文成（少翁），则方士皆掩口，恶敢言方哉。"

为了安抚栾大，武帝掩饰自己杀少翁的事实，说他是吃马肝中毒死的。此刻的栾大，已经将武帝的心理与智力揣摩透了，于是欲擒故纵地对武帝说："臣师非有求于人，人者求之。陛下必欲致之，则贵其使者，今有亲属，以客礼待之，勿卑，使各佩其信印，乃可使通言于神人。神人尚肯耶否耶，致尊其使，然后可致也。"贵其使者，这个使者不可能是别人，正是栾大本人，武帝当即拜栾大为五利将军。一个月后，又让栾大佩四颗金印：天士将军、地士将军、大通将军、天道将军。又封栾大为侯，赐甲第，童仆千人，还有车马帐帏器物等。武帝还将自己的一个女儿许配给栾大，这个公主下嫁栾大，光黄金就带去万斤。武帝还亲临栾大府第，他派出慰问、送礼物的使者也络绎不绝。

当时的栾大贵震天下，看得人人眼馋，惹得燕齐一带的人，都说自己有禁方，能见神仙了。那一年，汉武帝四十四岁，他一心期待着栾大给他招来神仙。然而栾大招不来神仙，在长安无法久居，就治装东行，说是入海找其师父去了。据《后汉书·方术列传》记载，由于武帝迷恋仙道，因此重用术士，先后宠信李少翁、李少君、栾大、董仲舒等人。这些人陪伴

20

皇帝左右，经常与之探讨修仙之道，皇帝除了让他们在宫内炼制仙丹之外，也经常派他们到各地名山大川去寻仙问道，寻找成仙的捷径。

公元前110年，即元封元年的秋天，汉武帝刘彻完成了对匈奴的征服计划之后，雄心勃勃，踌躇满志，亲率十八万大军西出京都长安，浩浩荡荡向东岳泰山而来。从上古到秦汉以及后来的历代君主，为了会盟诸侯，宣承天命，常举行封禅大典，而闻名天下的泰山，在古人心目中，是一座通天御地的神山，它拔地而起，直冲霄汉，站在泰山之巅，可以近离神灵，得到护佑，所以泰山是举行封禅大典的最佳地点。

汉武帝刘彻在位三十多年的时间里，曾经八次到泰山封禅。除了上面所说的原因之外，还有很重要的一个因素，就是遍访天下方士，寻求长生不老的升仙之道。

武帝还给栾大刻了一枚玉做的印信，按照当时的规定，只有皇帝才有资格用玉来做印，叫做玉玺。栾大惧怕去东海路途艰险，谎称神仙已飘然离开东海去了山中，于是他到泰山游了一圈，回去复命了事。《史记·武皇帝纪》中曾有这样的记载："武帝命方士栾大出海求仙，栾不敢入海，到泰山致祭以复命。"

栾大东去后不久，另一个方士公孙卿又出现在武帝宫里。那一年汾阴掘出古鼎一只，公孙卿讲了一则黄帝成仙登天的故事：黄帝采首山铜，铸鼎于荆山下。鼎既成，有龙垂胡须下迎黄帝。黄帝上骑，群臣后宫从上者七十余人，龙乃上去。余小臣不得上，乃悉持龙须，龙须拔，堕黄帝之弓。百姓仰望黄帝既上天，乃抱其弓与胡须号，故后世因名其处曰鼎湖，其弓曰乌号。

虽然吃了少翁、栾大的亏，汉武帝对公孙卿所言仍深信不疑，他说："我如能像黄帝那样成仙，我视离开妻儿如脱鞋耳。"于是他拜公孙卿为郎，让他去太室山为自己候神。同时，开始有关封禅的准备工作。他后来去泰山行封禅大典，根本的目的在于求仙。

所谓方士，也叫方术士，或称为有方之士，用现在的话说，就是持有方术的人，一般简称为方士或术士。《史记·始皇本纪》中记载秦始皇所说：

◎ 金仙观茅庵

"吾悉召文学、方术士甚众。"以上有方之士及方术士指的都是方士。这方士起源于战国时燕、齐一带濒海地区，从战国末年，即齐威宣王时候，这些人便已经有了他们自己的传授系统，《史记》中将他们叫做"方仙道"。同时还提到了其中的几个典型人物，宋无忌、正伯侨、充尚和羡门子高。他们的中心思想就是讲求长生，通过服食仙药成为神仙。方士的成分很复杂，既有学识渊博的知识分子，也有不学无术的江湖骗子；既有从事传统科学技术研究的学者，也有普通的农夫商贾，还有出入宫廷的政客，最多的还是隐士、释道之徒。他们有的不亚于三公九卿，被皇帝作为座上宾；有的类似于乞丐，被百姓列于下九流。

　　汉代的方士中，公孙卿大约是对汉武帝急切求仙的心理揣摸得最透彻的一位。这年冬天，他声称在河南的缑氏城上发现了仙人的踪迹，武帝兴冲冲地赶到那里欲一见"仙人迹"，却是一场空欢喜，失望之余，恨恨地欲问罪公孙卿，谁知公孙卿不慌不忙地回答："仙人对人主没什么求的，是人主有求于他。若非宽以时日，仙人不会来。"武帝竟心悦诚服，于是下命郡国修路，在各名山修造宫观，以求神仙降临。为了候仙，举国行动起来，这种折腾，在公孙卿的劝说下，如火如荼，势不可当了。

武帝四十六岁那年冬天，先是到桥山黄帝冢祭祀黄帝。第二年的三月，他礼登太室山，据说从官在山下听到叫"万岁"的声音。下山后，武帝即直奔东海，那里的百姓似乎都如痴如狂，"上疏言神怪奇方者以万数"。尽管"无验者"，武帝还是不断增加船只，命令自称见到过海上神山的几千人，出海去求蓬莱仙人。公孙卿则拿着皇帝的符节，带领大批随从，在一些名山候仙。他走到东莱的时候，又声称"夜见大人，长数丈，就之则不见，见其迹甚大，类禽兽云"。武帝又兴冲冲地赶到东莱，亲自观看那巨大的足迹。他手下的大臣们也说：他们见到一老人牵着一条狗，说了声"吾欲见巨公"就不见了人影。武帝断定此人即是仙人，就在那里住下，同时让方士们乘皇家传车四处去找这个"仙人"。这次派出去的人数也在千人以上。

因为没有结果，汉武帝暂时离开东莱，于四月顺便封禅泰山。然而他念念不忘的还是求仙，在方士们的怂恿下，他"欣然庶几遇之，乃复东至海上望，冀遇蓬莱焉"。

公元前109年，即元封二年，公孙卿又向五十四岁的汉武帝发表了一通议论：仙人可见，但皇上您来去太匆忙，所以见不着。接着，公孙卿第一次提出"仙人好楼居"的意见，武帝于是在长安、甘泉山一带大造高楼。这在中国建筑史上是可以写上一笔的。当时在长安造的高楼称"蜚廉桂观"；甘泉的则叫"益延寿观"。后来又在甘泉造了更高的"通天台"，这"通天台"，唐代司马贞注《史记》时引《汉书旧仪》云："高三十丈，去长安二百里，望见长安城也。"汉武帝还命人准备了仙人用的房屋用具放置在那些高楼之下，时刻等待仙人的降临。

不仅如此，汉武帝还命人扩建建章宫，"度为千门万户"。建章宫是完全可以和秦始皇的阿房宫比肩的一大宫殿建筑群，不仅四面皆建有宫观楼台，还有虎圈、大池。大池名太液池，池中建有"蓬莱、方丈、瀛洲"等神山，建章宫的"神明台"、"井干楼"高五十余丈，与其他楼观皆车道相

◎ 金仙观庙会

属。武帝一方面大兴土木，四处造楼候仙。另一方面，武帝又前后三次亲自万里迢迢来到东海边，希望遇见仙人。但都毫无结果，《史记·封禅书》云："方士之候祠神人，入海求蓬莱，终无有验。而公孙卿之候神者，犹以大人迹为解，无其效。天子益怠厌方士之怪迂语矣，然终羁縻弗绝，冀遇其真。自此之后，方士言祠神者弥众，然其效可睹矣。"这段话有两层意思值得注意：一是尽管方士们始终没有找到仙人，武帝对他们的怪迂之谈也有点厌倦了；二是他还是心存希望，明明"其效可睹"，即其事可知，武帝还是"冀遇其真"。

在文化上，方士的存在使得神仙方术思想蔓延，还形成了一个独特的方士集团。后来东汉的道教，吸纳了神仙方术，方士们则逐渐蜕变为道士，而在道士们的主导下，神仙思想与求仙活动仍持续不断，如大诗人李白就"五岳寻仙不辞远，一生好入名山游"，他和武帝一样，也做过一场神仙梦。但幸运的是东方朔适时地出现了，汉武帝的寻仙梦最终因为"谪仙人"东方朔而变成了现实。

会向瑶台逢月下

在寻仙多年以后，汉武帝终于等来了东方朔，在东方朔的建议下，汉武帝终于见到了神仙，关于这个著名的事件历史上有两个版本。第一版本中故事发生的地点在嵩山，一次，汉武帝在嵩山的寻仙台上斋戒百日，七夕星祭上，一个老人前来求见，他告诉汉武帝最近会有一个青鸟盘旋在他的宫殿上，那将是吉祥的预兆，西王母会奉献三千年开花结果的仙桃。如果吃了这个桃子，人就会长生不死。老人说过之后就消失不见了。

七月七日夜间，天上铺满九彩云霞，空中响起箫鼓乐声，仙人如云，骑龙乘凤，天马云车；随后，西王母乘着紫云之车，驾九彩斑龙而至；西王母请汉武帝吃百果灵芝、天上仙桃，并命王子登弹八珍之琴，董双成吹云和之箫，石公子击昆仑之玉，清越悠扬，响彻云端。

另一类似的版本是：四月戊辰，帝闲居承华殿，东方朔、董仲舒在侧。忽见一女子

◎ 金仙观望仙亭

着青衣，美丽非常。帝愕然问之，女对曰："我墉宫玉女王子登也。乃为王母所使，从昆仑山来语。"语帝曰："闻子轻四海之禄，寻道求生，降帝王之位，而屡祷山岳，勤哉有似可教者也。从今日清斋，不闲人事，至七月七日，王母暂来也。"帝下席跪诺，言讫，玉女忽然不知所在。帝问东方朔此何人，朔曰："是西王母紫兰宫玉女，常传使命往来扶桑，出入灵州。"（《太平广记神仙三汉武帝》卷三）在这次著名的会见中，西王母传授了《五岳真形图》给汉武帝，西王母告诉汉武帝这幅图是三天太上所出，道士佩戴它入山百神众灵卫护，虽然你没有玉质仙骨，但是看在你多次访仙不遇明师但道心不退，并且能勤修斋戒，发愿启悟度人，所以我才下凡一会儿；至于神仙术不能传授给你，传授真形图并不能使你得道，但你的精神可使后来的求仙者增加信心，也使芸芸众生知道天地间有这样的灵真，使那些狂妄之人知道敬畏神灵。你性格残暴，神气不纯，成仙犹如浮云，如果你能够勤恳精进修行，长生尚有希望。

关于西王母会见汉武帝的故事不仅出现在道教的典籍里，《汉武帝内传》中也有记载，关于他们的聚会，有位宋代的道士在诗中这样描述：

鳌岫云低太一坛，武皇斋洁不胜欢。
长生碧字期亲署，延寿丹泉许细看。
剑佩有声宫树静，星河无影禁花寒。
秋风袅袅月朗朗，玉女清歌一夜阑。

人间通天玄都坛

自伏羲以来华夏民族就崇尚天人合一，华夏民族智慧的最初原典从伏羲在洛河边上取天地大象形成河图洛书到后来形成系统的《易经》，对道的诠释始终是核心内容，在中国文化中，一切离不开天地之道和阴阳变化，中国的传统文化中《四书》和诸子百家等统统都是从《易经》这个根上发展出来的。

《易经》将无始以来的一切分为形而上的道和形而下的器。这个形而上的道也被统称为天，但是在道教的经典中也解释没有一个东西叫天，它没有一个实质。

道教的观点认为天地宇宙未生之前，是混沌状态，现代物理学称为大爆炸以前的那个超密度无限塌缩的粒子，中国文化叫太极。大约150亿年以前，这个超密度的粒子瞬间产生大爆炸，形成了现在的物质宇宙，其中有形的物质凝集成星体，就是地；无形的空间扩展开来形成了太空，就是天。《易经》说：轻清者上升为天，阴浊者下降为地。在《易经》文化里面属于形而下的"器世间"，也就是物质世界；形而上是非物质的道的世界，那

◎ 玄都坛

不是人类有限的智力能够讨论的,所以孔子说:"六合之外存而不论。"因为我们的智慧不够,一讨论就会吵架,甚至会大打出手,何苦呢!对智慧高的人讲真话,形而上是天,形而下是地。古代的圣贤对智慧不够的人只解释看见的世界,说抬头之上是天,脚下的是地。

道家的世界观是任何一个物质都不可能独立存在,宇宙万物从来都是一个整体,虽然我们距离月亮很遥远,但是我们与它也是一体的。在茫茫天地间一切生灵都从来没有孤单过,而且我们人类也从来不会孤独到去寻找大地以外的生命。宇宙间一切都由气来连接,而这个气又超越我们认识的这个空气。

对于宇宙万物同体的这个认识在道家文化和道教文化中无处不在,道教修炼者们认为万物不离阴阳和五行,人的身体也是阴阳和五行的组合,所以认识宇宙可以先从认识自己的身体开始,认识了身体这个小宇宙再向外看大宇宙结构是一致的,一个家庭、一个国家也是这样。

道家的这个天人合一观点延伸出了中国璀璨的文化,比如宗教、道医、中医、风水、天文、音律、历法、科技、艺术、文学等。

天人合一具体体现在政治上就是内圣外王,那些通达大道、视野超凡并且德行能代替上天的旨意,同时能够通天彻地地体察事物规律的人通常被人们推举为社会的管理者,他们爱护子民如同自己的骨肉。上古时代人心古朴,天心即是人心,体现人心所向需要人王来施行,而那些被众人推举为王的正是内修圣道能够禀赋天命、替天行道的圣人。他们对外教化人民,对内修大道,与天道合一,最终天命圆满归天而去,所以可以自称为天子。自轩辕黄帝开始,中国历代的帝王都推崇君权神授,他们深信自己是上天的儿子,被上天派遣下界来领导天下的人民。如果一位君王认为自己的功劳大到值得告慰上天并且昭告神灵的时候,他们会选择一个山去祷告天地或者以此形式来彰显自己的功德。

按照《史记·封禅书》中的描述:筑坛以祭天,报天之功故曰封;报地之功故曰禅。由于祭天是国家大事,由皇帝亲历,社会影响巨大。这种大型的天人之间的沟通形式大概可以追溯到轩辕黄帝时代,在古代它是中华

历史文明中很重要的一部分。

祭天是黄帝首创,最早关于祭天玄坛的记载中认为,轩辕黄帝在黄河岸边的王屋山上举行过大规模的祭天活动。王屋山被认为是天界总仙宫,是五岳四渎各路神仙朝拜之地。北京的天坛就是仿王屋山的天坛建筑而建,它象征着黄帝祭天的方位,是一种昆仑山、中镇、脊梁文化,寓意是把炎黄始祖永远记于心中。王屋山、太行山是古代界定山东、山西两省的地界,在发动对蚩尤的征讨之前,黄帝在天坛山祭天以求破蚩尤之策,那里众神汇聚,可以更方便地得到玉皇大帝的支持。《抱朴子》等古籍中记载,王屋山,昔黄帝受丹决于之山也。之后才正式开始驱逐邪恶,除暴安良,替天行道。

《尚书》载:在千年之后周武王用了同样的形式来昭告天下,他率八百诸侯会盟孟津伐纣王前,曾两次上王屋山告天,以此赢得了天下臣民的拥护。

在轩辕黄帝和周武王之后的战国时期,齐鲁有些儒士认为五岳中泰山

◎ 金仙观山瀑

为最高,因此人间的帝王应到最高的泰山去祭过天帝,才算受命于天。远古暨夏商周三代,已有封禅的传说。《史记·封禅书》载有春秋时期齐相管仲论封禅的一段话,说齐桓公称霸后想行封禅之祀,管仲反对,认为古代封泰山、禅梁父的有七十二代的帝王,著名的有无怀氏、伏羲、神农氏、炎帝、黄帝、颛顼、帝喾、尧、舜、禹、汤、周成王等十二个,都是受命之后才举行封禅仪式的。他们那时候封禅,有嘉禾生出,凤凰来仪,种种祥瑞不召而至。桓公自知没这么大的福气,只好放弃了封禅的妄想。不过先秦时代如何举行封禅之礼,由于缺乏史料,其具体情况已不得而知。

秦始皇统一中国之后,认为自己的统治得到上天的委命。公元前219年,即秦始皇二十八年,秦始皇就带了齐、鲁的儒生博士七十人到泰山举行封禅活动。准备行封禅之礼时,儒生博士便议论纷纷,说古代天子封禅坐的是用蒲裹了车轮的蒲车,以免损伤山上的草木土石;还要扫地而祭,铺上用菹秸做的席。所说之言难以做到,秦始皇一怒之下将他们全部斥退,自己乘车从山南登上泰山之顶去行封礼,并刻石歌功颂德,然后又从山北下来,到梁父山去行禅礼。他的礼节基本上是取自战国祭天帝时所采用的一套仪式稍加改造而成。

西汉中叶,随着汉王朝在政治、经济领域的封建中央集权日益加强,汉家至尊的天帝神确立了之后,汉武帝决定按古礼举行封禅。但是,这封禅的礼仪,儒生与方士说的,各不相同。汉武帝便把封禅祭器拿给他们看,问古礼究竟什么样,谁也说不出个所以然。汉武帝索性自定用祭太一神的礼仪来实行。

公元前110年,即元封元年,汉武帝先到梁父山行禅礼祭地,然后到泰山下的东方设坛,举行一次封礼祭天。坛宽一丈二尺,高九尺,下埋玉牒书。之后,汉武帝与少数大臣登上泰山之巅,举行了第二次的封礼。武帝封禅祭天采用祭太一神之礼,设坛三层,四周为青、赤、白、黑、黄五帝坛,杀白鹿、猪、白牦牛等做祭品,用江淮一带所产的一茅三脊草为神籍,以五色土益杂封,满山放置奇兽珍禽,以示祥瑞。汉武帝则身穿黄色衣服,在庄严的音乐声中跪拜行礼。为了纪念这次封禅典礼,武帝还特改年号为

元封。

公元665年,即唐麟德二年十月,唐高宗举行封禅活动。他率文武百官、扈从仪仗,武后率内外命妇,封禅车乘连绵数百里,随行的还有突厥、于阗、波斯、天竺国、倭国、新罗、百济、高丽等国的使节和酋长。十二月云集泰山下,高宗派人在山下南方四里处建圆丘状祀坛,上面装饰五色土,号"封祀坛";在山顶筑坛,广五丈,高九尺,四面出陛,号"登封坛";在社首山筑八角方坛,号"降禅坛"。次年二月,高宗首先在山下"封祀坛"祀天;次日登岱顶,封玉策于"登封坛";第三日到社首山"降禅坛"祭地神,高宗行初献礼毕,武后升坛亚献。封禅结束后高宗在朝坛接受群臣朝贺并下诏立"登封"、"降禅"、"朝"三碑,称封祀坛为"舞鹤台"、登封坛为"万岁台"、降禅坛为"景云台",改元干封。

唐宋时期,封禅的礼仪更加完备,唐玄宗李隆基也曾"封祀岱岳,谢

◎ 法事活动

成于天",一改以前帝王封禅诰文秘而不传的规则,并说明本次是为天下苍生祈福,于是将此次的封禅诰文宣告于天下;宋真宗封禅泰山之时,欲借天意来威慑外敌,故导演了一幕"天书由天而降"的闹剧。

封禅的目的和祭天候仙有所不同,它们之间的必然联系是人与天地神灵之间沟通的桥梁,只不过封禅更多的是带有国家的整体意识,但它们都体现了人渴望与天地神灵沟通做出的努力。

不知道从何时起,终南山的子午峪中一座孤立的圆柱形山峰一带就被认为是天界玉皇大帝的玉京玄都,既然在这里可以更方便地沟通人天,玄都坛从此开始被利用起来。汉朝的时候距离长安城不远的玄都坛成为离天最近可以沟通人天的通道,在确立这个重要的沟通天地的玄坛的同时,汉武帝让人在长安城北渭河北岸的嵯峨山下挖掘了一个人工的祭祀场所,它的名字叫"天之脐",汉朝的时候那里修建了一座天齐祠,它的地点在三原的嵯峨山嵯峨乡。这个天井,直径260米,深36米,像个平底圆盆。这个

◎ 金仙观全景

天井是人工挖掘的，是西汉天齐祠遗址所在地，"天齐"就是"天之脐"。

从这个"天之脐"向南划一条直线，穿过汉长陵和汉长安城，直达子午峪玄都坛。74公里长的一条直线，与现代天文学上的子午线的平行达到了惊人的准确度。

在道教的文化中，大地也是一个生命，我们这些生活在大地上的人有一个名字叫裸虫，我们所栖息的这个庞大的生命，他的头颅是昆仑山，胸部在西部高原，腹部，就是四塞之国的关中平原，而四肢则延伸到了南方，山岳是他的骨骼，森林是他的毛发。

在古代，当人们站在这个高入云端的玄都坛上与太空对话的时候，那些渺远的音乐开始奏响，袅袅的白云冉冉升腾向苍穹深处飘去。大地四季流转，白昼交替，生命生死轮转，人世间悲欢离合，在这一切的背后没有多少人能逍遥而出世，只有那些衣袂飘飞、雪肤冰肌的仙人，站在遥远的云端俯瞰红尘。

在古代，当朝廷中的君王因为一些大事件的出现而困惑不得其解的时候，如果寻访不到那些隐居的高人，那么最好的办法就是问天。但是能够沟通天地需要远离尘世的喧嚣和污秽，人类因受欲望和贪婪所干扰，使得大地之上的阴谋、杀伐战争和苦难丛生，那些被人制造出来的事物散发着的气息正是与神仙们格格不入的，要接近天获得启示就需要到高山之上去，在那里上天才好与人类接触或者因为人的虔诚被感动而给予启示。

在人类社会早期，这种习惯就在不同的种族和区域间存在着，这是人类的共识，如同孩子在遭受挫折的时候会回到母亲的怀抱。

在大约5000年前，轩辕黄帝经常出现在终南山东部的华山顶上，在那里他经常与上天沟通，并且与群仙聚会。更重要的是在那样的高山之上经常隐居着那些降临在大地上的神仙，只有在帝王亲临的时候他们才肯出现，一般来说他们不会自动跑到都城里去见帝王。

深受轩辕黄帝以及周穆王的影响，汉武帝同样也相信在那些特定的山中选择一个合适的高台可以更好地与上天沟通，并且或许能够等到神仙降临。作为一种美好期许的玄都坛被利用并建造起来之后没有历史资料证明

它发挥了重要的作用，或许汉武帝在追逐神仙的过程中都将它忘记了。

玄都坛的建造，其实是在圆形山峰的顶上用大石头将它砌得更高一些。没有人知道玄都坛最初被利用或者建造的时间，或许在汉武帝寻仙热情最高的那些年里有人发现了那座山峰，在玄都坛被利用起来之后不久，汉武帝就被李少君之类的自称神仙的使者、方士们吸引了目光，玄都坛没有被提及。

唐朝的时候道教已经孕育并发展成熟了，至此玄都坛对道教才真正产生了实际的影响。那时候神仙术可以实际操作，虽然仍然需要具备很多因素才能修炼。唐朝元丹丘曾经住在那里，再后来那里慢慢变成了一个道教修行的中心地带。

玄都坛上显道教

在玄都坛建造之前，道教一直以道家的形式存在着，在中国历史上，大规模寻仙访道并留下大量建筑的当属前无古人、后无来者的汉武帝。排除等待神仙降临的原因，当朝廷在试图在人和天之间建立一种必然联系的时候，推崇黄老之学和掌握方术的道教便开始诞生。在没有大规模重视人与天的沟通之前，道教作为一种更散漫的形式存在着。它大象无形，随方设教，没有固定的形式和场所，没有固定的组织。汉武帝的时代被认为是道教孕育过程中的重要环节，在那之后的数百年，正一盟威之道正式将道教迎接到人间。

汉朝以后北魏太武帝在首都平城（今山西大同）为天师寇谦之修建了一座玄都坛，《佛祖统纪》有记载："始光元年，嵩岳道士寇谦之奉老君所授书以献，朝廷未之信。独司徒崔浩上书赞其事。帝忻然纳之，遣使建玄都坛，起静轮天宫。敕谦之及门弟子位在诸王公上，不称臣。择大家子弟百二十人为道士。"文中所说玄都坛，《魏书·释老志》称天师道坛，"重坛五层，尊其新经之制。给道士百二十人衣食，齐肃祈请，六时礼拜，月设厨会数千人"。《资治通鉴》卷123、《北史》卷2等文献还记载，太武帝亲自登坛接受寇谦之授箓而成为历史上第一个道士皇帝。公元491年，即北魏太和十五年，因城市规模扩大，道坛被民居环绕，"里宅栉比，人神猥凑，非所以祇崇至法，清静神道"。由城东南迁"都南桑干之阴，岳山之阳，永置其所。给户五十，以供斋祀之用，仍名为崇虚寺。可召诸州隐士，员满九十人"。两年后，北魏迁都洛阳，在城南建道坛，定员106人。北魏分裂后，东魏在邺城（今河北临漳）城南建道坛。

《魏书·释老志》载，公元491年，即太和十五年秋，诏曰："夫至道

◎ 金仙观素写

无形,虚寂为主。自有汉以后,置立坛祠,先朝以其至顺可归,用立寺庙。"有资料证明,迄今为止玄都坛是中国最早的玄坛。

同终南山的玄都坛称呼一样,北魏太武帝为寇谦之建造的玄都坛是天界的玉京在人间的一个简单的存在形式,但是北魏时期的玄都坛承载了后来道教宫观所有的形式和内容。在那之前道教的宗教场所也是以朝廷设建的形式存在,但只是朝廷对于宗教需求的附庸。

关于道教教团的形成,除了众所周知的汉张天师创立的正一盟威之道,在这之外,据唐朝杜光庭《历代崇道记》记载:"穆王于昆仑山、王屋山、嵩山、华山、泰山、衡山、恒山、终南山、会稽山、青城山、天台山、罗浮山、崆峒山致王母观,前后度道士五千余人。秦始皇帝并吞六国,招方士,好长生之术,遣使往蓬莱采不死药,造宫观一百余所,度道士一千七百余人。汉文帝窦太后并好黄老之术,造宫观七十二所,敕天下如不通黄老经者,不得注官。又亲访河上公问道德之要,天下大治。计度道士一千余人。"这大概是关于道教以群体的形式存在的最早记录。

其实在这些记录之外,早在西汉之前应该就由尊奉黄老的道家修行者发现了这个特殊的修炼地,只是后来汉武帝时期它才被正式地利用并且载入史册。

历经千年玄都坛

在玄都坛下,大唐的隐士神仙和才子们往来于清流之边,演绎了无数让后人浮想联翩的故事。岁月的长河中,玄都坛等待着无数的隐士在那里结庐隐修,千年之后玄都坛被再次发现并且重新恢复道观,又有道教的修行者选择在那里传承道法。

终南圣境金仙观

长安城外终南道

大唐李隆基时代被后世称为中国历史上最富有诗意、最奇幻的时代，那个时代大唐王朝经过几代人的努力成为全世界最富有、最文明的国度。公元713至741年间，即大唐开元年间，唐玄宗主持开展各种工作，纂修成《道藏》。

那时候大唐的街道足够的宽阔，疆域足够的辽阔，长安城里的人足够的好客和包容，大唐的天子足够的包容人才，自从唐王朝的开创者李世民

◎ 金仙观春景

◎ 原西安美院院长刘文西题字

开始就想将天下的人才全部收入大唐的长安。

在长安街的小酒馆和驿站里，那些来路不明的异乡人，那些风尘仆仆的行者，谁也不知道他们其中的一位会不会是李白、王维、孟浩然、韩湘子、吕洞宾或者是大书法家颜真卿、茶圣陆羽、李商隐、温庭筠。

像一个酝酿已久的春天，当大唐的文化在全世界绽放的时候，全世界各个角落里的人都渴望在这片神奇的土地上种下自己的梦想，并传递大唐的英耀。那些远在波斯、罗马的商队往来于这片辽阔的大地；远在新罗和日本国的统治者们以大唐的天子为榜样，对大唐的文化顶礼膜拜，他们每年选送国内优秀的人才到大唐来读书并且参加科举考试，大唐朝廷也会选拔其中的佼佼者任命为官吏。

宗教在这个时代的皇室中更加流行，李隆基继承了唐高祖对道教的极大推崇与热忱，对道教文化投入了更多的热情，唐朝的几位公主凡是有出尘之念的，皇帝都会全力支持，并敕建道观，由皇室拨给供养。有人统计过，唐朝做过道士的公主共有18位，在唐代的公主里，度道出家者屡见

不鲜。唐代王建《唐昌观玉蕊花》诗云："女冠夜觅香来处，唯见阶前碎月明。"女冠亦称女黄冠，又称女冠子，即女道士。至宋徽宗时，改女冠为女道，尼为女德。唐代女冠可区分为修真女冠及宫观女冠两类，后者即专指公主女冠。

高祖、太宗两朝，还不见有公主入道的记载，至高宗，公主入道始兴，它成为公主舍离俗世、遁入方外世界的途径。唐代的公主入道，其中自有道教所持具的宗教情操，使一些贵主从中获得解脱，并具有度世的理想与愿望。出家入道与舍家为尼，在唐代具有不同的意义，这亦因为道教独有的探求不死的特质，让入道者得到另一种关怀。公主贵为天子之女，身份尊崇，公主选择入道，在民间掀起入道风气，而公主养尊处优的闲适入道生活，也不同于民间道士的苦修清冷，它使女冠生活成为唐代的一种时尚。

唐睿宗的八女儿金仙公主、九女儿玉真公主，是以"为祖母武氏祈福"的名义出家为道的。

有这两位公主开风气之先，后来，玄宗、代宗、德宗、顺宗、宪宗、穆宗，几乎每代帝王都有女儿成为女道士，甚至达到一朝有四位公主出家为道的。

那时候，大唐长安与东都洛阳之间的王屋山也成为道教的圣地，大唐的金仙公主和玉真公主在王屋山、华山等名山都造有道观。金仙公主（689—732），讳无上道，为唐睿宗女，《新唐书》中排第九位，开始被封为西城县主，后来又封为金仙公主。公元706年，即唐神龙二年，十八岁的公主度为女道士，拜史崇玄和叶法善两位高道为师。玉真公主（692—762），字玄玄，是唐睿宗和昭成皇后之女，是金仙公主的同母妹。金仙和玉真两姐妹成长的时候，恰好是宫廷斗争最错综复杂、最血腥的时候，最积极参政、最飞扬跋扈的公主，都是下场最惨。可以想见，这些她们都耳闻目睹。姐妹俩又没了母亲的庇护，在宫里更是处处留心，尽量远离这些复杂的人事。她们姐妹俩，在年幼时——可能十一二岁，就开始慕仙学道，向往静修的生活。她们数次请命，宁肯放弃一部分公主的待遇，只求延命。浮华生活是短暂难保的，还不如多活几年——甚至长生不死。

金仙公主二十三岁左右，玉真公主二十岁左右，姐妹俩一起向父亲唐

◎ 贾慧法与导演张纪中

睿宗提出要出宫做女道士。

  关于建造道观给两位神仙妹妹住，不管外界反应有多么激烈，皇帝心里另有认识。据资料记载：天宝八载，帝获二十七仙玉像于宁州罗川县，敕令迎像入京，一如天宝初迎灵宝符仪注的故事。帝亲自制赞，寻改罗川县为"真宁县"，于所获处造通圣观，帝制碑文立之，于今并在。其年六月，大同殿产玉芝一茎，又造金仙、玉芝二观，复度公主二人为道士。

  唐朝的时候，金仙公主的道观是否就是建在子午峪的玄都坛下尚无资料查阅，但是她们曾经往来于长安与终南山的子午峪一带确是事实。唐朝大诗人李白的诗歌里曾提到，后来隐居在玄都坛的元丹丘有一段时间在青城山修炼，李白自叙"与逸人东严子隐于岷山之阳（即青城山）"，"东严子"就是与他"弱龄"订交，结为"异姓天伦"的道友元丹丘，他和元丹丘、金仙公主三人在青城山结识，后来李白和元丹丘二人都是由玉真公主推荐入朝的。

终南道上神仙客

◎ 王西京·题

自古以来那些有才情的人总是喜欢与那些逍遥的仙家为伍，或许因为他们都禀赋着不同的天命，更早的时候，那些能够通达人天的人总是文采极好的。对于文字最美妙的形容大约只有神和逸可以形容，道教中的那些绮丽玄妙的文字就被认为是天上的云彩凝结而成的。

在大唐，那些有才情的人同样愿意与那些逍遥的烟霞客同行，共同逍遥九州。在唐玄宗执政的时候，对妹妹玉真公主更加宠爱。玉真公主经常云游，她在王屋山等地拥有多处道观，在长安洛阳等大城市，还有别馆、山庄、旧居等。在公主周围，方士和文人时常出没。

《太平广记》上记录，唐玄宗曾经向张果提亲，要把玉真公主嫁给他。张果说："我考虑一下。"然后就消失了。张果就是八仙中的张果老。可以想见

◎ 郭文军·题

当时他不老,还相当年轻,但他自称出生在尧帝时代。

  碧落风烟外,瑶台道路赊。如何连帝苑,别自有仙家。
  此地回鸾驾,绿溪转翠华。洞中开日月,窗里发云霞。
  庭养冲天鹤,溪流上汉查。种田生白玉,泥灶化丹砂。
  谷静泉逾响,山深日易斜。御羹和石髓,香饭进胡麻。
  大道今无外,长生讵有涯。还瞻九霄上,来往五云车。

  这首《奉和圣制幸玉真公主山庄因题石壁十韵之作应制》,应是王维和皇帝一起到玉真公主的山庄时写的。王维首次应试是在公元720年,即唐开元八年,结果却落第。当时科举中的潜规则也很泛滥,以王维这样的才情被拒之朝堂之外也不例外。不拜谒一些名人权贵,很难高中。于是王维就在宁王、岐王(都是玄宗的兄弟)府中出入,第二年将应举时,岐王就劝他到九公主的府上去。九公主即玉真公主,于是"妙年洁白,风姿郁美"的王维怀抱琵琶,在酒宴间为玉真公主献艺。玉真公主听了王维演奏的《郁轮袍》后,又看过王维的诗文,对王维的才气大大地夸奖了一番。于是在玉真公主的举荐下,王维如愿以偿地高中了。

  玉真之仙人,时往太华峰。
  清晨鸣天鼓,飙欻腾双龙。
  弄电不辍手,行云本无踪。
  几时入少室,王母应相逢。

◎ 著名书法家钟明善·题

　　这首《玉真仙人词》是唐朝第一大诗人李白所作。这是在公元729年，即唐开元十七年时，李白和玉真公主见面时写下的。李白一生好道，和道家方面的人颇有些来往。经人推荐，李白得以和玉真公主相会。

玄都坛下隐仙人

　　李白于天宝元年被玄宗召至长安。当时的唐玄宗已经属于杨玉环时期，早已经没有当年英姿勃发的锐气，他召李白进京，不过是爱其诗名，让他供奉翰林，成为文学弄臣而已。李白傲岸不羁的性格，又招致了权贵佞臣的谗毁，因此于公元744年，即唐天宝三年，满怀激愤、失望的心情，李白弃官离开了长安，开始了漫游生活。

　　一年夏天，李白来游嵩山。走在轩辕关，踏入二室道时，看到嵩山上的云海翻滚起来。当他来到逍遥谷中，看见一位白衣公子在云雾中时隐时现。公子头戴斗笠，身穿布汗衫，脚穿厚底云鞋，手握一把尖镢舞动，像是在挖掘什么。李白看到这位公子风度非凡，便走上前去施礼问："先生在挖什么？"公子连看都不看他一眼，说："菖蒲！"李白又问："采它有什么用？"公子说："服之益寿延年。"这时候，李白也发现身边崖缝中生长着几棵菖蒲。他走过去拔了一棵，仔细看看，这东西高有半尺，叶是剑状线形，两行排列，根部互相包围，顶部开满绿色小花，散发着淡淡的香气。李白看着菖蒲又问那位公子："公子贵姓？家住何处？"他问过多时，没人应声，回头一看，一道白雾飞来，哪里还有公子的影子！李白只好走下山来，暂住在承天宫道院内。

○ 清尘道人国画《寻访道迹》

夜里，李白和道长谈起在山上遇见采菖蒲的公子一事，说这个公子神韵古貌，神情飘逸。道长对他讲，这位公子是将门之子，学识渊博，中了举人，却不做官，来到嵩山到处游览，专爱采集菖蒲。李白听罢道长介绍，对公子顿起敬意，拨亮油灯，飞书《嵩山采菖蒲者》五言诗一首：

神仙多古貌，双耳下垂肩。
嵩岳逢汉武，疑是九嶷仙。
我来采菖蒲，服食可延年。
言终忽不见，灭影入云烟。
喻帝竟莫悟，终归茂陵田。

隔了几天，李白来到嵩山道场寺。寺僧们正准备为杨山人饯行。杨山人知道来人是翰林李白以后，连连敬酒。当谈到采菖蒲的公子，

◎ 清尘道人国画《秦岭山水》

杨山人说，这位公子名叫元丹丘，常州府人氏。他和元丹丘很要好，元丹丘常在他的茅舍落脚。他希望李白能同元丹丘结交。

当杨山人离开的时候，李白亲自送杨山人到玉女峰下。见一处清净的茅舍靠陡崖而建，东有淙淙小溪，西有郁郁翠柏，背面山坡，碧草如茵，杂花竞艳。屋里窗明几净，摆设有致。据杨山人舍中人说，元丹丘昨天曾来这里，傍晚骑马走了。他刨药用的尖镢，还留在家里。李白拿起元丹丘采药的尖镢，看了看，问道："公子啥时候还来？"舍中人说："不定时间。有时一天两趟来，有时相隔十天八天。"李白在杨山人茅舍住了几天，没遇

到元丹丘,却写了一首《送杨山人归嵩山》诗:

> 我有万古宅,嵩山玉女峰。
> 长留一片月,挂在东溪松。
> 尔去掇仙草,菖蒲花紫茸。
> 岁晚或相访,青天骑白龙。

诗写罢,李白在元丹丘用的镢把上写了两句话:"总为浮云能蔽日,长安不见使人愁。"便离开了杨山人的宅舍,找元丹丘去了。

过了几日,元丹丘来杨山人宅舍取镢,见镢把上写着两句话。杨山人告诉他是当朝翰林、大诗人李白写的。元丹丘看后,联想到朝廷重用奸佞、排斥贤才,对诗人便肃然起敬,问李白哪里去了。杨山人说:"诗人找你去了。"元丹丘听说后转身骑上他的海龙马找李白去了。双方互相找啊找啊,整整找了半月有余。一天,在九龙潭的山岔口处,元丹丘碰到李白。两人终于相见,亲如手足,无话不谈。当谈到许由洗耳的事,李白大泄愤慨,同行路上,又写了《送裴十八图南归嵩山》诗一首:

> 君思颍水绿,忽复归嵩岑。
> 归时莫洗耳,为我洗其心。
> 洗心得真情,洗耳徒买名。
> 谢公终一起,相与济苍生。

从此,李、元结为好友,同游中岳,太室、少室俱到,三十六峰皆登,累了饮酒,乐了赋诗,真所谓"醉眠秋共被,携手日同行"。两人发誓,决不与权贵妥协,不愿为了获取功名富贵而向当朝腐朽势力奴颜屈膝。

李白与元丹丘在中岳遨游了许久,直至夏去秋来。分手的时候,李白赠给元丹丘诗一首,题为《元丹丘歌》:"元丹丘,爱神仙,朝饮颍川之清流,暮还嵩岑之紫烟,三十六峰长周旋。长周旋,蹑星虹,身骑飞龙耳生

◎ 贾慧法与星云大师

风，横河跨海与天通，我知尔游心无穷。"

关于元丹丘这位唐朝历史上比较神秘的道教修行者，近代有人对其神秘的身世做了深入的研究，得出的结论是，如果丹丘子、丹丘生和元丹丘是同一个道号的不同时代的人，那就很好理解；如果不是，那么只能解释他是长生不老的仙人。至少可以肯定的是，在李白和杜甫的诗歌中提到的元丹丘、丹丘生和元逸人是同一个人。

查阅关于元丹丘的资料，在网上看到一位网友在博客中关于元丹丘的研究：元丹丘道号……是古诗文和道家文献经常提到的，尤其是被誉为茶圣的唐代隐士陆羽（733—804），先后四次在《茶经》和《顾渚山记》中引述《神异记》提及丹丘子，余姚人虞洪遇丹丘子获大茗的故事因此广为茶人所熟知，专家、学者对丹丘子各有见解，搜索查阅了各种文献记载的丹丘、丹丘子，按年代先后引录如下。

最早记载丹丘的是《楚辞·远游》："仍羽人于丹丘兮，留不死之旧乡。"据学者研究，以神仙为主题的《远游》系战国爱国诗人屈原（约前340—前278）所作，句中"羽人"指飞天的仙人，"丹丘"意为昼夜常明的海外神仙地，泛指"神仙居住之地"。"羽人"、"丹丘"也可引申为天仙和地仙。

西晋道士王浮（生卒年不详，惠帝即位时在世）在他的志怪小说中两次写到丹丘子。《神异记》分为八则，其中前三则为小故事，后五则每则仅一句话。

其中第三则为虞洪遇丹丘子获大茗的故事：余姚人虞洪，入山采茗，遇一道士，牵三青牛，引洪至瀑布山，曰："吾丹丘子也。闻子善具饮，常思见惠。山中有大茗，可以相给，祈子他日有瓯蚁之余，不相遗也。"因立奠祀。后令家人入山，获大茗焉。

虽然《神异记》属志怪小说，但有人物、地点、地名沿袭至今，虞氏又是古代余姚的望族，如三国吴国大臣、学者虞翻，初唐著名书法家、名臣虞世南家族等。陆羽又在《茶经》中补记了公元307至313年，即西晋永嘉年代，说明王浮记的是当代道家茶事，具有较高的可信性。2008年6月，余姚茶界在瀑布岭道士山发现了两棵口径13厘米、高3米多的大茶树，说明当地确有《神异记》记载的"大茗"，从而证实了这一故事的可信性。

紧接虞洪遇丹丘子获大茗之后，《神异记》的第四则又提到有关丹丘茶事的一句话：丹丘出大茗，服之生羽翼。

东晋文学家孙绰（314—371）的《游天台山赋》，有"仍羽人于丹丘，寻不死之福庭"的词句。此句与屈原的《远游》句大同小异。

南朝著名道家、医药学家、炼丹家陶弘景（456—536）在《杂录》中记载："苦茶轻身换骨，昔丹丘子黄山君服之。"

诗人李白（701—762）写过一首《西岳云台歌送丹丘子》，诗中的"丹丘子"就是他的代表作《将进酒》中写到的丹丘生："岑夫子，丹丘生，将进酒，杯莫停。"

陆羽好友、唐代诗僧兼茶僧皎然（720—804），分别在《饮茶歌送郑容》、《饮茶歌诮崔石使君》两诗中写到丹丘："丹丘羽人轻玉食，采茶饮之生羽翼。""孰知茶道全尔真，唯有丹丘得如此。""丹丘羽人"可能典出《远游》。后诗小序中还记载："《天台记》云：'丹丘出大茗，服之使人羽化。'"这句话与《神异记》记载的"丹丘出大茗，服之生羽翼"基本一致。

《天台记》不知何人、何时所作,未见记载,可能已散佚。

陆羽四记丹丘子,丹丘子是陆羽《茶经》着墨较多的一位人物。

先是在《茶经·四之器》中有这样的文字:"永嘉中,余姚人虞洪入瀑布山采茗,遇一道士云:'吾丹丘子,祈子他日瓯牺之余,乞相遗也。'"

《茶经·七之事》则先后两处提到丹丘子,开头有这样的记述:"汉,仙人丹丘子黄山君。"《七之事》基本囊括了唐代以前的茶事文献,基本上都有出处,但此句引于何处未作说明,与上文陶弘景句似乎大同小异。由于古籍没有标点,此句可作两种理解,如在丹丘子黄山君之间加上顿号,则可视为二人,不加顿号则同为一人。

陆羽在《顾渚山记·获神茗》中,又引述《神异记》的记载。

除了"汉,仙人丹丘子黄山君"外,《四之器》、《七之事》,《顾渚山

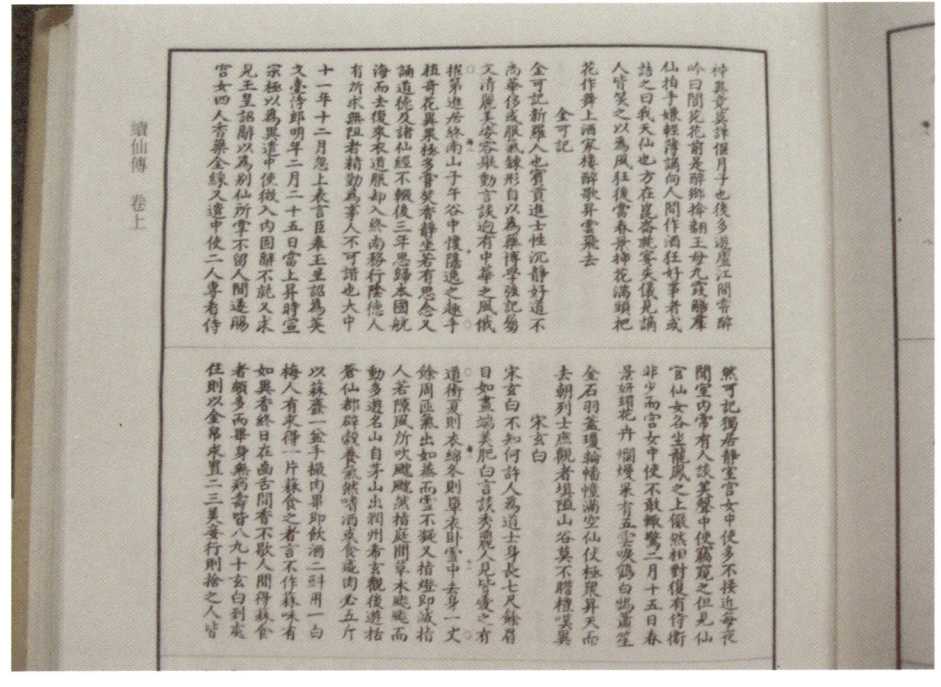

◎ 道藏列仙传·金可记传

记·荈诧》记载的文字大同小异，显然都是引于《神异记》，大同小异是为了避免重复。

《茶经》记载的丹丘子，目前茶文化界有三点争议：一是关于年代"永嘉中"。一些茶文化作者为了将茶事前推，能与"汉丹丘子"挂钩，将西晋永嘉误为东汉永嘉，造成混乱。历史上"永嘉"年号有两个，先是东汉有永嘉年号，又称永憙，仅有公元145年，即永嘉元年；后有西晋永嘉（307—313）。两者相差160余年。但按传统的纪年习惯，《茶经》记述的"永嘉中"即说明是西晋永嘉，因为东汉永嘉仅一年，不能用"中"来表述；有数年时间才能用"初、中、末"表示。如果说《茶经·四之器》"永嘉中"的记载还不够确切，那么《茶经·七之事》则明确将此归类在晋代文献中。当代茶圣吴觉农主编的《茶经述评》（中国农业出版社1984年初版）一书中，也注释为西晋永嘉。

二是关于《神异记》与《神异经》。前文所说，《神异记》为西晋道士王浮所作，仅有三则小故事和五个单句。《神异经》则是另一种不同年代的志怪小说，记有30多则故事。1999年版《辞海》对《神异经》释文如下："志怪小说集。旧题汉东方朔撰，实为伪托。但东汉末服虔注《左传》已有征引。一卷。有晋张华注。其最初传本，后亦散佚；今本乃辑录唐宋类书所引逸文而成。仿《山海经》体例，但略于山川道里而详于记叙神怪异物，间有嘲讽之作。"

到目前为止，茶文化界多将这两种书混为一谈，《茶经述评》的注释："《茶经》所引的《神异记》，可能就是《神异经》，也可能是西晋以后人就《神异经》加以删补并改名而为陆羽所见的另一种神怪故事集。"实际上《鲁迅全集》里就有《神异记》，另有专文写王浮与《神异记》。

三是关于汉丹丘子与西晋丹丘子的关系。《茶经》只是客观地记述了汉代和西晋永嘉两个不同时代的丹丘子，并未说明两者的关系。除注明后者引于《神异记》外，并未说明前者引于何处。

《茶经述评》认为，如果丹丘子处于两个年代，前后矛盾，只有将他作为长生不老的仙人才能解释。在《列仙传》、《神仙传》或其他史籍均找不

到关于他的记载。

杜甫有一首诗《玄都坛歌寄元逸人》：

故人昔隐东蒙峰，已佩含景苍精龙。
故人今居子午谷，独在阴崖结茅屋。
屋前太古玄都坛，青石漠漠常风寒。
子规夜啼山竹裂，王母昼下云旗翻。
知君此计成长往，芝草琅玕日应长。
铁锁高垂不可攀，致身福地何萧爽。

这首诗是杜甫在长安时所作，蔡梦弼注：诗中的玄都乃汉武帝所筑，在长安南山子午峪中。而东蒙峰在今天陕西长安县境内终南山豹林谷内，亦曰东明峰。

李白和杜甫终生只见过一面，那时候李白出了长安城"天子唤来不回头"，乘舟由渭河到黄河顺流而下，在黄河边上与正满怀抱负要去长安求取功名的杜甫偶遇，李白劝杜甫与他结伴去云游，他本来就是太白金星的精气所化，生性好道，喜欢名山烟霞。那时候的杜甫没

◎《道藏》典籍记载

有入过尘世，哪里会对烟霞有兴趣。那是他们第一次见面，在那以后，他们再没有见过，但是他们一生中都有一位共同的朋友元丹丘。

李白一生中最重要的交游人物就是元丹丘，他们相识始于唐玄宗开元十四年、止于天宝六载前后，前后共22年。李白在这一时期的文学创作与思想变化，均受到了元丹丘较大的影响。

当杜甫在长安的仕途遇到阻碍后,他才体会到李白当时的深意,他出了长安去拜访李白最推崇的这些仙人。在那之前他早已认识这些行踪不定的烟霞客。别人都传说元丹丘是仙人,那更早以前元丹丘也曾经在长安城里活跃过,并且经常出入玉真公主和金仙公主的道观,当李白、王维、孟浩然这些人都出了长安城之后,他就隐居到了东蒙峰,后来又移居到玄都坛下结庐,在那里他可以更方便地接见那些烟霞之士。

在杜甫来到子午峪的玄都坛时,那里已经没有上古的建筑了,只剩下玄都坛的遗址。那里还有铁链子可以攀到更高处去,想来元丹丘经常上到上面的玄坛去登坛修炼。

在那周围的山上,元丹丘经常采集到一些稀有的灵药,并且种植了一些用以炼药,移居到这个玄都坛下之后他经常获得感应,西王母曾经多次降临在那里。

◎ 贾慧法与演员唐国强

终南圣境金仙现

◎ 住持贾慧法

　　元丹丘在玄都坛下河谷的对面建好了茅舍,从种种迹象看,他计划在玄都坛长住下去。而本来他是一朵云,飘来飘去随风而动全无心。

　　元丹丘知道杜甫这位仁兄只是来散散心,并无心修道,他的心还在庙堂,这也是他的可爱之处。所以也不用与他多谈道中玄妙,任他在这山水福地中洗涤了心上的尘埃之后再回到长安,继续等待那漫长的仕途光明。

千年古坛放玄光

唐朝,一个繁花似锦的时代,随着这个王朝的谢幕,中国古代最优雅最奇幻的时代凋谢了,那些曾经风华灿烂的事物也慢慢被历史的灰尘埋没,直到下一个同样灿烂的时代到来,这一等就是千年。唐朝以后,中国也曾出现过短暂的繁华时期,但都像是对汉唐的追忆,好似短暂的春梦,还没顾得上细细温习就被打破了。

玄都坛的再次被发现,源于一位学者撰写的文字,它向世人阐述了这玄妙的经过:"20世纪80年代,西北大学教授李之勤等人因调查古道遗迹,在谷内发现了一方摩崖石刻,其内容为唐代大诗人杜甫的《赞元逸人玄坛歌》(即《玄都坛歌寄元逸人》)和新罗人唐留学生金可记传。"此消息发表后,引起了韩国学者的关注,相继有人前来实地考察。

子午峪摩崖石刻的前半部分内容是杜甫的诗《玄都坛歌寄元逸人》,此前没有引起学界注意。此诗全文如下:

◎ 唐代兴隆碑原貌

>　　故人昔隐东蒙峰，已佩含景苍精龙。
>　　故人今居子午谷，独在阴崖结茅屋。
>　　屋前太古玄都坛，青石漠漠常风寒。
>　　子规夜啼山竹裂，王母昼下云旗翻。
>　　知君此计成长往，芝草琅玕日应长。
>　　铁锁高垂不可攀，致身福地何萧爽。

　　这首诗提供了很多珍贵的信息，是判定玄都坛地理位置、建筑特征和建筑年代最重要的依据。樊光春教授在考察时认为应当进行研究。于是，他在查阅历史文献的基础上，会同陕西道教协会副会长陈法永和副秘书长贾慧法，对当地村民进行了采访。初步了解到，在摩崖石刻西侧的小山峰上原有道观一座，名为玄都台，于20世纪60年代（一说"文革"初期，一说1965年前后）拆毁，台顶大殿门楣上有"玄都台"三字。同时了解到，子午峪内曾有多处道观，户县重阳宫碑石中也有金元时期子午峪建有全真观和玉清观的记载，《陕西金石志》中也有子午峪玄都坛下有显明宫的记载。现存遗迹还有老君洞和龙王庙等道教建筑物及石刻造像，以及摩崖石刻"万福之（地）"。对玄都坛的调查，就是在此基础上开展的。

　　2002年4月，樊光春教授邀约陕西省道教协会副秘书长、楼观台监院助理任兴之，到子午峪进行第一次实地踏勘，以了解村民口中的"玄都台"是否就是杜甫诗中所描绘的玄都坛。由于山峰上的道观建筑已拆毁近40年，山坡周围已长满荆棘，于是雇请了附近一个姓尤的村民做向导，从灌木和荆棘中爬上了峰顶。他们发现：峰顶确有人为建筑，以石条垒砌成圆形的平台。平台因房屋被拆毁，墙土和砖块将其顶部覆盖，并长满杂草和灌木。从现场遗迹看，过去曾有人攀登过，还堆砌有砖块。

　　此后，樊光春教授又会同贾慧法副秘书长数次登顶调查，发现峰顶北侧和西侧的平台上，散布有大量砖瓦等建筑遗物。随后，在当地七里坪、南豆角两个村的干部和村民的协助下，对峰顶的积土进行了清理，并将清理出的砖块平铺在峰顶原地，以保护原址。在清理过程中，发现了数

◎ 华表柱

枚古钱币和少量祭祀用品。于是他们初步判定，此处即为杜甫诗中所说的玄都坛。

为了弄清玄都坛的相关历史资料，除了从《宁陕厅志》和《类编长安志》等历史文献中获取有关信息，樊光春教授还同陈法永副会长一道，实地考察了西安西北方向的淳化县汉代遗址甘泉宫和西安正北方向的三原县汉代遗址天齐坑，并使用卫星定位仪进行了方位测量。结果，天齐坑方位为东经108°52′495″、北纬34°42′652″，而玄都坛为东经108°52′545″、北纬34°01′581″，其经纬度几乎处于同一条直线上，由此证明了陕西省文物保护中心秦建明教授的推测，天齐坑—长安城—子午峪口是汉代长安的一条建筑基线，天齐坑中的天齐祠和子午峪口的某一古遗址是朝廷的礼制建筑。

2006年10月以后，樊光春教授邀请秦建明教授和陕西省历史博物馆的杨文宗教授一起参加玄都坛历史的调查。三位先生数次前往玄都坛，对其外观进行观察测量，并鉴定此前发现的玄都坛遗物，最后得出了初步结论。

一、建筑外观。玄都坛地处子午峪与果峪交汇处的小山峰顶部，海拔约888米，距河谷垂直高度约145米。峰名玄都台，又名石楼山、梳妆台，现在又称金仙峰。山峰四周为两条河谷和5座高于1500米的山峰，形成五气朝元之势，小山峰在半山腰与西侧的大山相连，上部险峰突起，东、北、南三面凌空。由河谷底部向上有3个平台，面积大小不一，最大不超过70平方米。第一台上下均为绝壁，难以攀登。第二、第三台紧靠坛顶，一在北侧，一在西侧，都有大量古代建筑遗迹。遗物以青砖为主，四散在平台及灌木丛中。由北侧二台至坛顶10米，西侧三台至坛顶7.5米，为一个通体巨石，石质为粗糙花岗岩，不耐风化。坛顶外沿近似圆形，用石料垒砌而成。下半部为较为匀称的石条，其质地与山体石质相同，每块大致长2至3米，宽0.5米、高0.8米，叠为4层，通高1.3米。上半部高1米，为不规则的石块垒砌而成，每块长约0.25米，宽、厚各0.2米，质地与下半

◎ 法事活动

部明显不同。西侧有门，宽2米，高3.3米，设9级踏步，每步0.26米，其中第一至第五步与下半部垒石同高。东北侧原有门，高、宽与西门同，被碎石堵塞，石材质地似与上半部垒石相同。坛顶南北长9.75米，东西长9米，平均面积约66平方米。

二、建筑材料。主要是青砖，已发现有11个品种，数量在3000块以上。时代无法判定，分析应属宋代以后的产品。因目前考古界对唐以前的砖有深入研究，容易鉴别，而对宋以后的砖缺少相应的研究。玄都坛所存青砖显然不是唐以前的产品，故推断为宋代以后的产品。

三、地面积土中发现的遗物。有钱币10枚，鉴定年代分别为东汉、南北朝、宋、清等。还有瓷碗碎片若干，陶杯、碗、马各一个，琉璃珠（神像眼珠）各2个，铜饰件1个。

通过对玄都坛相关文献和实物进行分析，有如下结论：

此坛的营建经历了五个阶段：

第一阶段，因山峰地形独特，先秦时，山民将其作为自然崇拜的对象；

第二阶段，秦汉时，因修建长安城和打通子午道，玄都坛山峰引起朝廷注意，将其作为与长安城建筑基线有关的标志性地物，对自然山头进行人工修饰，成为国家礼制建筑。此次营建主要是就地取材，凿取峰顶及近旁石料。《类编长安志》和《宁陕厅志》记载，此次营建在汉武帝时期，与汉武帝的求仙活动有关，当时即应定名为玄都坛。杜甫诗称其为"太古玄都坛"，表明其存在历史达数千年之久。杜甫写作此诗的年代距汉武帝时未达千年。西汉后期长安地区开始出现民间道教团体，东汉正一盟威之道又在长安设太华治，很可能利用此坛进行过祭祀活动。

第三阶段，长期废弃，时间大约为南北朝至唐末，其依据主要是杜甫诗中的描绘，"屋前太古玄都坛，青石漠漠常风寒"，"铁锁高垂不可攀"，说明当时此处少有人攀登。唐代后期隐居在此的元丹丘和金可记，应当都是在坛下的山谷或山坡上结庐而居，而不是在山顶。

第四阶段，道教殿堂建筑，时间大约为宋元时期，明清延续不绝。宋元时期在先人修建玄都坛的基础上，在坛顶修建殿堂。因早期坛顶是用沙石铺垫,而且外沿上部崩塌(抑或首次建造时只垒砌了下半部),山石出露在外,无法营建;于是将外沿以石块向上垒高达到一定水平,再以沙土垫平。最上层铺设青砖,作为殿堂的基础。同时从安全角度考虑,堵塞了东门,只留西门出入。从遗存的建筑材料分析,坛顶的殿堂至少经过两次改建,前一次殿门朝北,最后一次门朝南。最早的道观名称已不可考,金元时期疑为"玉清观"。因玉清境为元始天尊所居,同"玄都"含义一致。近代所传"玄都台"一名,可能是玉清观废毁后再建时恢复了古称。

第五阶段,20世纪60年代,房屋建筑被拆毁,坛和殿均处于荒废状态。

祭坛,是我国传统宗教和民俗祭祀的特定场所,分固定建筑和临时建筑两种,而同时具有历史记载和实物遗存的固定建筑极为罕见,通常都是临时搭建。国家礼制建筑一般为固定建筑,通常设立在都城郊区。如隋唐天坛就在长安城南,遗址现存。北京天坛和地坛由明清延续至今。河南济源王屋山天坛,相传为黄帝祭天之处,但实际上并非人工建筑,只是将山

◎ 金仙观雪景

◎ 道友静修

顶平台临时作为祭坛，类似秦汉帝王的封禅场地。由于王屋山山顶曾经是天坛，因此以坛名山，叫做天坛山。

道教的祭坛，与道教的斋醮法事紧密相连。应是在先秦祭天基础上产生的，同时与神仙观念和信仰仪式关系密切。《魏书·释老志》载，公元491年，即太和十五年秋，诏曰："夫至道无形，虚寂为主。自有汉以后，置立坛祠，先朝以其至顺可归，用立寺庙。"这段话是说，坛祠的设立，源于道教信仰，始于汉代。本朝的道坛设置不过是继承历史传统罢了。

玄都坛是道教专用祭坛。"玄"为天，"都"为中心，"玄都"即天界神仙聚会之所，玄都坛即天下道教的中心坛。在历史文献中，除终南山玄都坛以外，还有两处玄都坛。

一是江西龙虎山天师府的玄都坛，其文献来源为元萨都剌诗："龙虎之山先所寰，我昔梦寐游其间。乾坤风气结冲秀，中有正一玄都坛。"而在有关龙虎山天师府的文献中，未见用"玄都坛"之名。据张金涛《中国龙虎山天师道》一书记载，魏晋时期，张道陵第四代孙张盛自汉中迁至龙虎山，在天师草堂处建传箓坛，为坛三层，其后历代兴废，明清时为上清宫的重要建筑，名为玄坛祠和玄坛殿，民国年间上清宫全部被焚毁，至今仅存遗址，诸多遗迹亦在20世纪60年代被彻底破坏。

二是北魏太武帝在首都平城（今山西大同）为天师寇谦之修建的玄都坛。《佛祖统纪》有记载："始光元年，嵩岳道士寇谦之奉老君所授书以献，朝廷未之信。独司徒崔浩上书赞其事。帝忻然纳之，遣使建玄都坛，起静轮天宫。敕谦之及门弟子位在诸王公上，不称臣。择大家弟子百二十人为道士。"文中所说的玄都坛，《魏书·释老志》称之为天师道坛："重坛五层，尊其新经之志。给道士百二十人衣食，齐肃祈请，六时礼拜，月设储会数千人。"《资治通鉴》卷一百二十三、《北史》卷二中还记载，太武帝曾亲自登坛接受寇谦之授箓，成为历史上第一个道士皇帝。公元491年，即太和十五年，因城市规模扩大，道坛被民居环绕，"里宅栉比，人神猥凑，非所以祗崇至法，清净神道"。由城东南迁至"都南桑干之阴，岳山之阳，永

◎ 金仙观夜景

置其所。给户五十，以供斋祀之用，仍名为崇虚寺。可召诸州隐士，员满九十人"。公元 493 年，即太和十七年，北魏迁都洛阳，在城南建道坛，定员 106 人。北魏分裂后，东魏在邺城（近河北临漳）城南建道坛，定员仍为 106 人。这两处道坛均"方二百步，以正月七日、七月七日、十月十五日，坛主、道士、哥（高）人一百六人，以行拜祠之礼"。公元 548 年，即武定六年，因守坛道士缺乏道术，加之当政者不再以道教为国教，将此坛撤销。自公元 424 年，即始光元年，开始设置玄都坛，再到武定六年撤销，魏玄都坛共存在了 124 年，期间曾迁移 3 次，首次存在的时间只有 67 年。

据此分析，终南山玄都坛当在龙虎山玄都坛之前兴建。而这三处玄都坛似乎也有一种递相传续的关系：终南山玄都坛—龙虎山玄都坛—寇谦之玄都坛。现在，中国道教的这三处玄都坛，仅剩终南山一处尚保存完好，无论是否为历史最早，现在称其为天下道教第一坛都是恰当的。

传说中的玄坛，是道教修炼高真登临向天界祈祷时所用的、在大地上的一个时空点，玄坛上一般会设立碧树琼枝、天外仙酿、流霞玄霜诸品真供。有时会感应上天，降下天书或玄妙真经。

亿万斯年，无数修行者以及传说中的人物都曾经在玄都坛盘桓过，玄都坛仍在等待有大因缘的人出现，真正的发现或许还在不久之后的将来，那时，又会有新的传奇，正如它的名字，既然是玄都坛，个中玄妙自然不会完全向世人展露。

2003 年，贾慧法道长携同道众四处募化，历尽千辛万苦，募集资金一千万余元，终于使道光重辉，金仙观与玄都坛重现道迹。

钟离修道终南山

汉朝的时候，钟离权在终南山遇仙得道。千年之后，他在山下的长安城里遇见了吕洞宾，并且点化他成道。之后，在玄都坛下他等到了金可记，将道传给他，金可记将道教传入了新罗。

终南圣境金仙观

吕岩长安得度化

东汉末年,钟离权从东都洛阳出征兵败,误入终南山修道,时间很快过去了近一千年,在这近一千年的时间里,终南山外的朝代更替了很多个:三国、魏、晋、隋。在入山一千年后,钟离权准备下山。

从汉武帝崇道起,道教从萌芽到诞生,也出现过一些有代表性的人物。但是汉朝之后,中原大地正气消散,道德不振。魏晋南北朝时期,道教的炼丹术被士大夫阶层普遍接受,烧炼外丹的弊端也令道教修行者在初期备受煎熬。因为烧炼的人太多了,真正的道法反而遭到误解和误传,服用外丹中毒死亡或者轻度中毒的事情时有发生。而先天真一之道反被摒弃,很多人只求长生,却没有先去除心尘,斩断六欲六贼,盲目追求外丹,即使得到丹药,也因为修德不足而误了性命。为此,上天降下启示,钟离权受命再次下界阐扬大道。

此前,长安城通往终南

◎ 钟离权祖师圣像

◎ 贾慧法住持开光

山的那条路上，进山修道的人络绎不绝，但是那些身影还是显得那么孤单，只有修道者自己才知道付出了多么艰辛的代价。

受师尊托付，钟离权将重新开启数千年后都令世人感叹不已的道脉，道脉的传播将从这座大山核心的部分群山内外开始，钟离权从终南山鹤岭下山，快进长安城时遣走鹤童，信步走进一家酒馆，这是位于长安城朝阳门外长乐坊的长安酒肆。这次下山，钟离权所要遇见的人注定会成为传奇，那个人几天后会从黄河对岸过来，过灞桥再到这里。

长安的春天，白色的春雾从泥土中丝丝升腾起来，青色的柳丝，黑色的泥土，鸟鸣如花朵绽放在树上。明媚的春光中，书生吕岩背负着书笈，鞋子上沾满了青泥，远远地朝着长安酒肆走过来。刚放下背后沉重的书笈，就看见旁边的桌子上坐着一位衣袂飘然的长须道者。唐朝的科举考试中，道教典籍是很重要的一部分，所以对于修道人书生并不陌生。这位道者神情飘逸，气质非凡，目光明亮得像中天的星月，看见他就如沐春风，令人

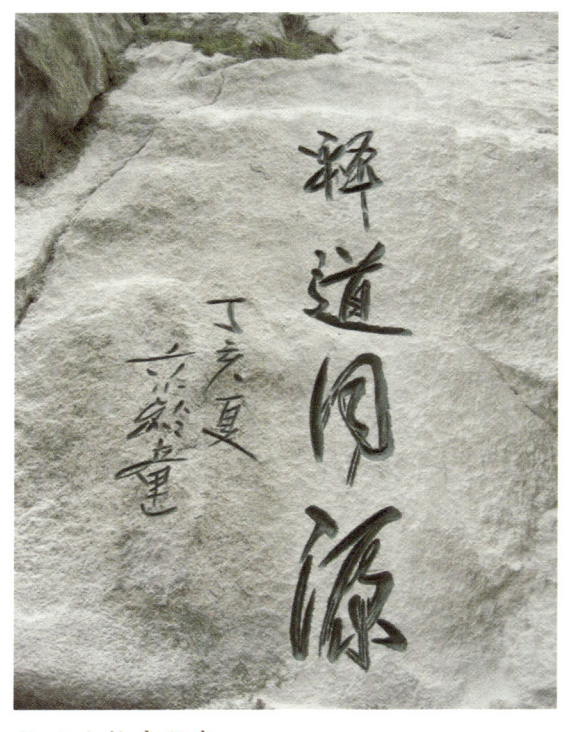

◎ 六小龄童题字

仰慕。

　　这次赴京赶考是吕岩第三次进京了,他已经四十六岁了,看着这家熟悉的酒肆和店老板,对于前途的担忧使他有些感慨:之前几次进京他也住在这家酒肆。让酒肆老板安排好客房之后,正想喝几杯消消愁,请这位偶遇的道长聊一聊。正好他有很多关于这个世界的看法,遇见道长,使他又萌生了归隐山林的念头。

　　吕岩上前行礼、打过招呼之后,这位道长微笑着看着他,似乎知道他的一切,谈到尽兴处,二人对饮起来,醉意朦胧中,书生吕岩只记得这位道长对他说自己住在终南山鹤岭正阳洞,不久他便沉入梦乡。

　　几天之后开科,长安街的百姓都说今年状元是吕岩,吕岩这才知道自己终于完成了家族数代人的夙愿,这次终于可以荣归故里了。一番庆祝之后,朝廷赐封,官场得意,子孙满堂,极尽荣华。一转眼几十年过去了,忽然有一天,朝中来人宣布吕岩数条罪状,家产被没收,家人奴仆都被遣散,自己也落魄街头,穷苦潦倒。他独自站在风雪中瑟瑟发抖,一声叹息,正想到当初如果随了那位在长安酒肆中遇到的道长去修道,这一生不知又是何种光景。这时突然梦醒,抬头一看,那位道长却不知道从哪里弄来一锅小米粥在煮,火苗丝丝升腾,估计米还没熟。道长笑着说:"黄粱犹未熟,一梦到华胥。"书生惊问:"难道先生知道我的梦?"道长说:"你刚才的梦,升沉万态,荣辱千端，五十岁如一刹那！得到的不值得欢喜，失去的也不值得悲伤，人生就像一场梦。"书生吕岩于是顿悟，下决心跟随道长去学道，道长对他说，三日后我会再来这里，到时自然会带你走，说完便飘然而去。之后，书生在酒肆的墙壁上看到道长题的一首诗：

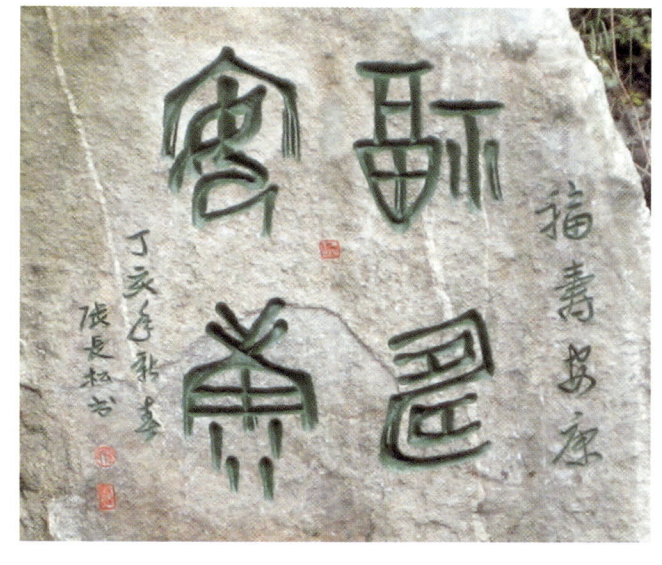

◎ 张长松书"福寿安康"

坐卧常携酒一壶，不教双眼识皇都。
乾坤许大无名姓，疏散人中一丈夫。
得道高人不易逢，几时归去愿相从。
自言住处连沧海，别是蓬莱第一峰。
莫厌追欢笑语频，寻思离乱好伤神。
闲来屈指从头数，得见清平有几人。

三天后，吕岩偶然一回头，就看见那位道长正坐在自己的屋子里。后来，吕岩通过了酒色财气等诸多考验，表现得十分出色，七情六欲丝毫不动，颇具气魄胸怀。道长深表欣慰，告诉他说，自己是钟离权，已于一千年前在终南山遇仙得道，他要传授道术给吕岩，并且点化他成仙。

关于他们相遇的故事，有一首唐诗这样描述：

知君幸有英灵骨，所以教君心恍惚。

> 含元殿上水晶宫，分明指出神仙窟。
> 大丈夫，遇真诀，须要执持心猛烈。
> 五行匹配自刀圭，执取龟蛇颠倒诀。
> 三尸神，须打彻，进退天机明六甲。
> 知此三要万神归，来驾火龙离九阙。
> 九九道至成真日，三界四府朝元节。
> 气翱翔兮神烜赫，蓬莱便是吾家宅。
> 群仙会饮天乐喧，双童引入升玄客。
> 道心不退故传君，立誓约言亲洒血。
> 逢人兮，莫乱说，遇友兮，不须诀。
> 莫怪频发此言辞，轻慢必有阴司折。
> 执手相别意如何，今日为君重作歌。
> 说尽千般玄妙理，未必君心信也么。
> 子后分明说与汝，保惜吾言上大罗。

之后，有人看到书生吕岩出现在中条山上的九峰山。在那里，他和自己的妻子各居一洞，相对可望，他对认识的人说，自己是山洞里的宾客，所以改名为吕洞宾，道号纯阳子。

多年以后，人们传说吕洞宾已经成仙，据说他出现时一般会身背宝剑，有人认为那把剑是能够"断烦恼、贪嗔、色欲"的智慧之剑。民间传说他曾经出入酒肆、妓院。但吕洞宾并非因为好色，而是要开导、劝化风尘女子。据说吕洞宾曾在广陵妓院的屏风上题下这样一首诗，使得当地的一个名妓弃暗投明、悉心学道：

> 嫫母西施共此身，可怜老少隔千春。
> 他年鹤发鸡皮媪，今日玉颜花貌人。
> 花开花落两悲欢，花与人还事一般。
> 开在枝间妨客折，落来地上请谁看。

吕祖写有一篇《警世》，诗道："二八佳人体似酥，腰间仗剑斩凡夫。虽然不见人头落，暗里教君骨髓枯。"又说过："息精息气养精神，精养丹田气养身。有人学得这般术，便是长生不死人。"

传说吕洞宾好酒，这个却是不假，道家对酒并不排斥，好多得道高人、仙人都经常醉醺醺的。所谓"醉里乾坤大，壶中日月长"，大概酒中之趣也颇似道家真义。沉醉之中，物我皆忘，倒真有点"万物一也，天地齐也"的意思。吕洞宾自己有诗道：

> 世上何人会此言，休将名利挂心田。
> 等闲倒尽十分酒，遇兴高吟一百篇。
> 物外烟霞为伴侣，壶中日月任婵娟。

◎ 茹桂书"终南福地"

◎ 王德廉书"乐道"

  他时功满归何处，直驾云车入洞天。

  吕洞宾和其他远离尘世的仙人不大一样，他常游戏人间，据说他曾发大誓愿道："必须度尽天下众生，方愿上升也。"但是正如他诗中所说："四海皆忙几个闲，时人口内说尘缘。"他在人间，恐怕也不免有孤独之感，他有诗写道：

  独上高峰望八都，黑云散后月还孤。
  茫茫宇宙人无数，几个男儿是丈夫。

  他曾经无数次在人间寻找可以传道之人，无奈人海茫茫，要找到一个真肯出尘的人也并不容易。

  因为发了度尽天下众生的愿，所以千百年来，他一直在我们身边，但

◎ 肖焕书"上善若水"

即使他站在面前，可能我们也认不出他来，吕洞宾有一首诗叫《答僧见》，大概算是他的自况吧：

三千里外无家客，七百年来云水身。
行满蓬莱为别馆，道成瓦砾尽黄金。
待宾榼里常存酒，化药炉中别有春。
积德求师何患少，由来天地不私亲。

无家无业，无拘无束，三千里来去自如；如云如水，如鹤如松，七百年暑尽寒来。大道修成，瓦砾尽黄金，黄金皆瓦砾。美酒饱饮，君山为我枕，我枕是君山，潇潇洒洒缥缈一仙翁。

终南圣境金仙观

终南道脉入海东

在度化吕洞宾成仙大约半个世纪之后,即公元836—839年,唐文宗开成年间,钟离权等到了另一个注定要被他点化的人——金可记。根据《海东传道录》等韩国史料记载,唐文宗开成年间,新罗人金可记、崔承佑、僧慈惠等人入唐,于广法寺通过天师申元之见到了钟离将军(据说就是钟离权),从钟离权那里得到了道书和修炼的口诀。三年以后,三人修炼成功。金可记留在了大唐,崔承佑和僧慈惠回到了新罗,并在新罗传播道教修炼内丹成仙的方法。此后,金可记又向入唐的崔致远和李清等人传授口诀,就这样,开创了新罗道教的修炼传统。

◎ 金仙观大殿全景

钟离修道终南山

史载,随着唐朝对外交往的开展,新罗子弟大批前来,学习唐朝文化和各种专门知识。开元年间"登筏之子,分在两京,憧憧往来,多多益办",大唐国子监内甚至特辟了"新罗马道"。据有关资料分析,新罗常年居住在大唐的留学生有一二百人之多。他们的留学期限一般为10年。在华期间,购书款项都由新罗支付,而四时衣服及食物等日常所需则由唐朝政府负责供应。

在这样一个大时代,金可记只是那数百异国留学生中的一员。但他运气足够好,在终南山的一个寺院里见到了那位同样等待他很久的师尊,并肩负起将道的种子重新带到新罗半岛的使命,虽然在他之前,新罗国人向来也崇尚修道。和中国周边的许多国家一样,韩国古代就盛行神仙传说,据韩国道家古籍《青鹤集》记载:韩半岛上的东方仙派与中国的神仙体系原本有着传承的关系,著名的东方仙派祖师桓因得道于明由,明由得道于广成子,而桓因的道脉是由桓雄、檀君、文朴氏、永郎等继承的。这样檀君作为国王统治韩半岛的合法性就得到了可信的确认。另外,中国古代神话中有蓬莱、方丈、瀛洲三神山,而韩国也有金刚山为蓬莱、智异山为方丈、汉拿山为瀛洲的传说。据韩国史籍《三国史记》记载:公元三世纪,老子的《道德经》、列子的《冲虚真经·天瑞》已在百济、新罗传播。至公元七世纪,读老庄之书,已在新罗贵族子弟中蔚为风尚。但这一次的道脉与之前的有很大不同,早期的中国道教以及韩国道教中神仙之道更为多元化,早期的炼丹术和天元神丹、房中术等等纷繁复杂,修行流派显隐莫测。而唐朝以来,终南山由钟离权传承的道教修炼,逐渐趋向以内丹为主和积功累德。这样的修炼使修行变得更具有操作性、更稳妥。外丹则慢慢成为隐性的非主流。

学者刘炳德认为:到了新罗末期,通过留学于大唐的学生,修炼式道教从中国传到新罗。抛开以往仙道炼制法中的杂念,通过自己的修炼积累功德并转换到本性,这正是金可记等三人的追求。从此,崇尚丹学的道教在新罗形成了道脉,这个时期的代表人物就是崔致远。也就是说,除了桓因等韩国固有的道脉,通过留学生引入修炼道教,也形成了新的一种道脉。

◎ 重阳祖师圣像（右）、敬慕金可记仙人石碑（中）、五岳真形图（左）

金可记从钟离权那里得到修行传承体系，正值全真教形成早期，已经比较完整地体现出全真教清净丹法修炼的核心。

全真道排斥过去道教所重视的方术，摒弃房中术、外丹烧炼等，而是受重视神仙思想影响，更倾向于内丹术。崔致远之后，韩国的神仙道以内丹修炼为主。首先，《海东传道录》里记载了金可记等三人均由钟离权所教，修炼内丹。朝鲜的道学者郑濂也对外丹术十分排斥，说"不知修丹于吾气息之中，而外求于金石，欲得长生，反致夭折者，哀哉"。郑濂记载了内丹修炼的具体方法如闭气、胎息、周天火候等。闭气指停止呼吸，蓄积气息。胎息指不依靠外部的呼吸，跟胎儿一样进行内部呼吸。周天火候指热气流通于人体的各个部位，烧毁阴气，转变成元气。这些均属于内丹修炼法的核心。

金可记之后的韩国仙道，主要发展了以内丹为中心的修炼法。《海东传道录》把新罗之后的韩国道脉跟唐朝正宗的钟离权、吕洞宾内丹派联系在一起。查看我国的道脉，属全真派的以金可记为首，这个道脉的传承几乎

没有断绝过：金可记之后是崔承佑、崔致远、李靖、明法和尚、权清、明五和尚、曹勋讫、金时习、洪柳孙、郑熙梁、尹君萍、徐华谭、郭致许、大柱和尚、郑濂、朴枝华、妙观和尚、张世美、姜归天、张都冠等，他们都重视内丹修炼法。

如今，即使翻阅大量的资料，也很难找到关于金可记更多的记载。每一个民族都有为道忘躯的人中龙凤，他们心怀天下众生，大地再大也没有行者的脚步大，大唐不光是花语骊歌的梦想之国，更是属于云游行者和修道者的全盛时代，玄奘为了寻求佛祖真意，不远万里只身西行，金可记远道而来，最后却奔向长安以南神秘博大的茫茫群山。

金可记住在终南山玄都坛下，听着风的吟唱，两条河在脚下日夜奔流，犹如弦丝轻抚。当他玄览时应该能看到，远在新罗的那一群人白衣飘飞，挥洒着汗水，前仆后继地踏着他一路跋涉而来的路，向着大唐走来，向着终南山眺望。

他在飞升的时候一定了知前尘后事，知道一千多年以后，他的后辈们会如期来到子午峪寻根，在终南山仍然保留着根脉的地方，将道的种子重新带回新罗国，使其开枝散叶，结出硕果。

在金可记入唐33年之后，崔致远也步其后尘，入大唐求学。崔致远(857—?)，字孤云，一曰字海夫，号孤云。新罗王朝京城（庆州）沙梁部人。崔致远十二岁即入唐求学，有十八岁登第之说。公元877年即唐僖宗干符四年，崔致远任宣州溧水县尉，四年任满后被淮南节度使高骈聘为从事。

崔致远归国后声名鹊起，与崔彦㧑、崔承佑并称"一代三鹤，金榜题回"（见于《全唐文》卷九二二新罗沙门纯白《新罗国石南山故国师碑铭后记》），受到了新罗宪康王（金晸）的器重，被任命为侍读、翰林学士、守兵部侍郎、知瑞书监事，成为新罗王室倚重的栋梁。公元886年，即定康王（金晃）元年，光启二年七月，因受到保守派的猜疑和排挤，外任为新罗太山郡（泰仁县）太守和天岭郡（咸阳）太守。公元893年，真圣女王（金曼）七年，唐昭宗景福二年，又转任富城郡（瑞山县）太守，同年女主曾召崔致远任贺正使赴唐，但因盗贼梗道而未能成行。这一时期，新罗王

室混乱，各地盗贼蜂起，社会极为动荡，崔致远向女主进献《时务策》十余条，呼吁选贤任能，补偏救弊，女主采纳了这些建议，拜其为阿飡。

　　崔致远一生经历了唐末黄巢之乱和新罗本国的动乱，"动辄得咎，自伤不遇"，早已厌倦宦途，无心从政，遂"逍遥自放于山林之下，江海之滨，营台榭，植松竹，枕藉书史，啸咏风月"，遍游庆州南山、刚州冰山、陕川清凉寺、智异山双溪寺、合浦月影台等地。公元894年，即真圣女王八年，崔致远三十八岁时，他携家眷归隐于陕川郡冶炉县北30里处的伽倻山海印寺，"与母兄浮图玄（贤）俊及定玄师结为道友，栖迟偃仰，以终老焉"（据《三国史记》卷四六本传）。

　　韩国南山就在陕川郡冶炉县境内，一直是新罗人的信仰对象。金鳌峰（468米）与高位峰（494米）下的40多条山涧与溪谷，共同组成了南山的美景。南山南北长8000米，东西宽4000米，呈现南北较长的椭圆形，外形像是顶部略偏南方的直角三角形。散布着100多处寺院、80多尊石佛、60多座石塔的南山，是座露天博物馆。另外，南山有40多处溪谷，孕育新罗的圣地西南山有弥勒窟、塔窟、佛祖窟等洞窟，与东南山有显著不同。

　　庆州之名古今如一，是新罗王朝与唐朝有过密切关系的佐证。据史书记述，庆州就是仿照唐朝都城建造的，而庆州南方的山自然与唐长安城南的终南山相对应，虽然新罗与大唐处在不同纬度，但它就像另一个版本的大唐。

　　怀着对大唐终南山的依恋，崔致远在南山归隐，与终老于大唐终南山的金可记遥相呼应。

玄都坛下金仙观

古老的子午峪道边，流淌着的不仅是无数旅人的脚步和历史的尘烟，更流动着道气。尽管朝代变迁，玄都坛下修行者的身影却从来没有断绝，金仙观亘古不变，修行者们也依然选择在那里驻足。

终南圣境金仙观

玄都坛上听风吟

　　走在终南古道上,向白云升起的方向眺望,那个方向正是南方。终南山越往深处去就越往南,那里森林和苔藓上流淌着一条条山泉,最后汇聚成河流。无数云游者的目光被凸起的玄都坛挡住、放下行囊的地方,就是金仙观,在元丹丘和金可记等隐士之后,那里至今仍然是羽士清流汇聚的地方,隐居者进入子午峪经常先在那里挂单。

　　关于玄都坛和金仙观的前身,历史上没有留下多少文字,只能从唐以来的诗歌中了解。唐代诗人姚合在其诗《游昊天玄都观》中对这个道场做

◎ 金仙观全景

◎ 金仙观远景

过描述：

性同相见易，紫府共闲行。阴径红桃落，秋坛白石生。
藓文连竹色，鹤语应松声。风定药香细，树声泉气清。
垂檐灵草影，绕壁古山名。围外坊无禁，归时踏月明。

姚合曾任唐朝监察御史，在当时诗名很盛，交游甚广，与刘禹锡、李绅、张籍、王建、杨巨源、马戴、李群玉等都有往来。他与贾岛个性相投，诗亦相近，世称"姚贾"，他们共同的爱好就是热爱山林，喜欢结交隐逸之士。

有位不知道名的徐氏也写过关于玄都坛的诗，名为《玄都观》：

登寻丹壑到玄都，接日红霞照座隅。
即向周回岩下看，似看曾进画图无。

又有刘得仁《昊天观新栽竹》：

清风枝叶上，山鸟已栖来。根别古沟岸，影生秋观苔。
遍思诸草木，惟此出尘埃。恨为移君晚，空庭更拟栽。

还有杨炯诗：

遁甲爰皇里，星占太乙宫。天门开奕奕，佳气郁葱葱。
碧落三千外，黄图四海中。邑居环若水，城阙抵新丰。
玉槛昆仑侧，金枢地轴东。上真朝北斗，元始咏南风。
汉君祠五帝，淮王礼八公。道书编竹简，灵液灌梧桐。
草茂琼阶绿，花繁宝树红。石楼纷似画，地镜淼如空。
桑海年应积，桃源路不穷。黄轩若有问，三月住崆峒。

杨炯诗中的"石楼"山，是古代对于玄都坛的另一个叫法，他的诗中很清楚地说明，玄都坛曾经是汉武帝祭祀五帝的古坛。

另有明朝胡侍关于玄都坛的诗歌，名为《登汉武帝玄都坛》：

曲磴回溪数百重，汉皇行幸有遗踪。
海西不复来三鸟，岩畔虚传驻六龙。
碧露暗滋金洞草，紫云常护石坛松。
便应别着登山屐，策杖高寻玉检封。

这些诗中，诗人们或者自己参与，或者见证别人来玄都坛挖竹、移植花木朝山外分去，可以想象，最初的时候，玄都坛下应是花木扶疏，都是隐居者栽植的。热爱山林的人与常人总会有所不同，很多人会将幽谷里的兰花挖下山，栽在自家的花盆中。终南山有位热爱山居的朋友，却经常将从市场上买来的兰花带到山上去栽植，他喜欢看着兰花在幽谷里绽放，花香与山泉相得益彰。

那些曾在此栽种竹子、桃花的修道者们都相继飞升，但他们留下的树

◎ 道友练功图

能被人们分去，庇荫遮雨，迎风而动，他们应该也会觉得欣慰。

桃花飞去，竹林依然，现在清尘道人隐修在玄都坛下，种着花、树，蘸着玄都坛下的流水，将满眼的云雾青山都氤氲在宣纸上。

我去玄都坛之前就猜想，清尘道人大部分时间或许都住在自己的画中，就像当年的金可记。清尘道人在玄都坛下栽种了很多竹子和花树，有时烹茶，有时静坐玄览。有时候若水道长也会住在那里，他是中国当代著名的道医，一些修炼内丹者认为他是当代有真正内丹传承的明师之一，他每年都有一段时间会住在玄都坛采药。

因为玄都坛曾经是祖先金可记修道的地方，韩国的青年道士小朴也成为那里的常住，平时他在西安的一所大学读书，周末或者假期来到金仙观里静修，追寻祖先曾经走过的地方。

终南圣境金仙观

长移一榻对山眠

在离金仙观不远的山谷深处，还住着另一位隐士：不还居士，那里有他的茅庵和常年隐修的省吾居。

在玄都坛下子午峪中，另一个山谷是金仙观的茅庵，两位道长隐居在那里，放弃了语言，静悟大道已经多年。

在金仙观的山门上，你能读到这样的句子："终南有福地，千年古道连子午；海东续仙源，百世烟云衍全真。"

明月出岫，玄都坛上清风如丝，绵延千万里，清风之下，青山苍茫，泉水从岩石上流泻下来，声音时而大时而小，犹如无名的隐士在抚琴。

大地上蒸腾着白色的雾气，犹如海水荡漾。我踏着春光，去玄都坛下的一位隐士那里讨茶喝，她住在一条溪流的边上，冬天的时候，门前落满各种鸟儿，等待她喂食。

这位居士住在那里多年，她每天读书、煮茶、静

◎ 唐代龙王庙

玄都坛下金仙观

坐、写诗。寻访之前,我读着她描写自己山居生活的文字,心头犹如刮过一阵清风,恨不得立即坐在那里与她共赏山色。

这位隐士住在山林中间,每天晚上月亮上山就停在她窗外,我们坐在她的茅屋里听着泉水,煮着茶,煮着春光,茶水一杯又一杯从喉咙里流下去,隐士的诗歌一首一首写在山雾上:

其一

犬吠知客到,松喧起坐还;
回看苔石处,谁人曾听泉?

其二

云移山送绿,树动友相邀;
慢取清净水,浅冲小芽苞。

其三

初泡山色入,再沏了尘心;
鹊唱黄昏后,无我亦无卿。

其四

携风客自去,抱月主独眠;
残杯些许水,依旧照大千。

终南圣境金仙观

子午道上子午茶

在中国的群山中,终南山子午峪这样的山谷,论风景秀丽不如黄山,但是因为道气充盈,谷中从来没有断过修道者的身影。

子午峪中的玄都坛下有一个狭长而幽深的山谷,子午道自秦汉以后为关中通巴蜀之要路,亦为自古以来之军事要道。秦代称为"蚀中",是天文学上正南正北之意。《汉书·平帝纪》载:"元始五年(公元5年)王莽通子午道,因置关。"是为子午关。颜师古注云:"子北方,午南方也。言通南北道相当,故谓之子午耳。"

至唐明皇时,因杨贵妃爱吃荔枝,唐玄宗便命人整修了从四川涪陵到长安子午峪中的全部道路,因此子午道又被称为荔枝道。杜牧《过华清宫》诗云:长安回望绣成堆,山顶千门次第开。一骑红尘妃子笑,无人知是荔枝来。此诗为千古名作,极为形象地吟出了曾经发生在子午古道上的一段历史故事。子午道全长约500公里,沿途少则十余里,多则30里,皆有兵民驻地。

子午峪内,入谷5里有玄都坛。这是一座独立的山

◎ 梁兴扬道长表演道家茶道

峰，汉武帝时，令依山筑坛，是当时朝廷祭祀天神的祭坛。

汉时，王莽沿山开路，通子午道。《汉书》云："北山是子，南山是午，共成子午道。"子午道起自古长安南行60里至子午镇之南子午峪，入山谷经碾子坪越秦岭，至西乡南子午镇，然后折向西直达汉中，全程古时曾设有11个驿站，近700华里。

山谷北麓两条河流的交汇处屹立着玄都坛，站在玄都坛下向南方望去，目光如一条鱼一样逆流而上，你会看到河流从一个个山谷中奔出，经过山谷的深处，向着终南山的南麓汇聚而去。沿子午道行至西乡南12公里处也有一个子午镇，自堰口镇渡泾洋河，也有二水环流，三峰削立，那里的主峰是午子山，处于巴山北麓北纬33度，海拔800米至1200米之间，层峦苍翠；大小二峡峡水穿越谷壑，注入泾阳河。山上古建午子观，周围环绕着2500余亩白皮松林木，姿雄色纯、云雾缥缈，被誉为"东方宝石"的朱鹮就栖息在那里。

据西乡旧县志记载，午子山是汉戚姬进香封轮（祈福）之处。这里兼有南北气候的多样性，土壤矿物含量独特，形成了"气候温和湿润，雨量四季充沛，风化石质遍布，土壤酸碱适中"的独特宜茶环境。"龙泉洞中水，午子山上茶"将"龙泉溢水，随潮起伏，潮起则水浊，潮息则水清"的品茶仙境传说得更加久远。为茶而起的纷争亦在历史上频见。县志载，"南高宗（1127—1162）时，西乡茶山绵延数百里，使者韩珠欲增茶税"，"明世宗嘉靖十九年（1540），西乡私贩茶叶者聚众起事"，"午子山下子午道，子午道上午子茶"，午子茶因子午道而流芳。它流着茶，亦流着道。

在古代，这条古道即使是在夜晚也有驿马穿梭奔驰不止，公元719—741年，即盛唐天宝年间，这条古道上马背上的茶都是进献皇宫的。茶事风行的大唐，宫廷、豪宅、寺院、道观，四处飘逸着淡淡的茶香，那时候茶也开始流芳东瀛。盛唐茶道融合建筑、绘画、服饰、乐舞、音韵、哲学等艺术之精粹，它展示高雅，表达礼仪，象征友谊，反映素质，表现自我。浪漫和现实、茶品与人品、音韵和道场、佛性与禅机，使茶道宏丽而典雅、清淡而纯真。大千世界，由茶而客串，因艺而成趣，几经文人、寺院、宫

◎ 瀑布

廷茶道至臻成熟。若言《调琴啜茗图》，长乐坡望春楼酒器、茶釜、茶档、茶碗，无不展现茶道文化的初兴；往来于京都与茶区的官吏、商贾，更促进了宫廷茶道的张扬。"由于子午道直通京城长安……当时宫廷内外、文武百官多嗜饮西乡等县的'山南茶'、'西乡月团'，名噪一时"。

东汉末年，张道陵创立正一盟威之道，在汉中设立政权。他的后人张鲁接受曹操的招降，此后那些道教子民也沿着子午古道来到长安定居。不管是士兵、商贾，还是失意得意的文人，他们在跋涉的途中或许都可以在这里停下来，在这玄都坛下汲一瓢水、升起槐火、煮一盏古道上产的午子仙茶，"杯拥茶而坐览千山万水，茶临杯而活观千姿百态；茶润喉品味栗香馥郁，肌骨清两腋栩栩清风"。

这子午道也曾经是一条云中之路。古栈道多是在悬崖绝壁上开凿出来的。战国时，秦昭襄王以范雎为相，开凿栈道，在悬崖绝壁间穴山为孔，插木为梁，铺木板联为栈阁，形成独特的山间栈道。这种两千多年前的杰出创举，即使到现在仍然保留着一些遗迹。

至今，在紧邻西安的宁陕县广货街镇、江口镇等地方，依稀可见先民们深凿于峭壁上的石窝。在这条古栈道旁边散落有摩崖石刻、唐兵马营遗址、竹林八卦阵、铁板峰、石阵等十余处人文自然景观。这条栈道是古人在悬崖

玄都坛下金仙观

峭壁上开凿出来的，先在峭壁上凿一个洞，再把木桩打进洞，然后在木桩上铺上木头，做成可供行走的路。这样的栈道与其说是一条路，莫如说是一条悬在空中的木桥。

每当人们坐着轿车，途经饶丰、两河和兴坪时，可以看见窗外山谷中，有许许多多曲折的小径，绕过青幽幽的山崖，穿过灰蒙蒙的云雾，向重峦叠嶂中飘去。那就是栈道。

千百年来，在这条崎岖坎坷的栈道上，曾经留下过多少匆忙的脚步，踏过多少杂乱的马蹄啊！秦时明月，汉时征尘，鸿门宴后，项羽封刘邦为汉中王，刘邦带着人马被迫离开长安，就是沿着这条子午道前往汉中的。

子午峪古道上，春风吹绿了路边的幽草，草间有绽放的兰花，白色的花在春风中摇曳，香气直上九霄。那一丛丛兰花布满了小溪两岸的疏石碧草之间，是那些远去的人们留下的淡淡芳香。在这条古道上不知曾经走过多少人杰和风度翩翩的君子，兰花一直以来喜欢幽居山谷，与那些道德高尚的人为邻。

某天读书看到一个故事：一位道德君子被谪贬，流放到南方荒蛮之地去，经过子午峪的栈道。月夜赶路，马失前蹄，带着他一起掉下栈道，着地之后居然没有受伤，马跑了，他发现地上全是松软的落叶，而且明亮犹如白昼。在那里，他遇到一

◎ 金仙观侧景

位老者，老者授他道术，原来他误入的是一处洞天。

试想，古人背负着重物行走在这样一条古道上，虽然汗流浃背，但是沿途淡雅的兰花却能让人欣喜并且精神为之一振。走在这样一条开满兰花的山道上，那些旅人书生，或许再不会感到失落或孤寂。也许那些兰花，有一部分也是一位心中有丘壑的慕道者怕旅人寂寞，从书斋中移植到古道上的。当年住在玄都坛的金可记，不也是经常将山下的奇花异果带到山中来栽植吗？虽然会有人笑话他们痴。

秋雨，古道，鸟鸣，烟雨朦胧，雨水声声，一灯如豆。元丹丘、金可记以及那位种植桃花千树却不知姓名的隐士、清尘道人、不还居士、梁兴扬道长、法念，他们在不同的时空，看着同样的风景，呼吸着子午峪中的山气，欣赏着玄都坛上的月亮。

空谷清幽，远山含黛，清旷悠远……

韩国道教立祖庭

古老的玄都坛，见证了道教的发展和演变。作为韩国道教祖庭的金仙观，对中国道教和韩国道教的发展都产生了非常重要的作用。金仙观对韩国道教文化的影响，以及在中国道教文化中的地位，都是非常重要的。

终南圣境金仙观

玄都坛连金仙观

终南山中,子午峪悬崖峭壁,林立森森,河谷幽深;站在玄都坛上清风冷冷,衣袂飘飘,仿佛已在白云之上。站在这玄坛上遥望,万里之外终南山下河流入海处即是韩国。历史总有偶然之中的必然,一千多年前,几位远道而来的新罗国学子就是从这里带着道教的火种回国的,从此,道教给这个国家带来了深远的影响,直至现在,韩国的国旗上仍然有道教著名的太极八卦图。上千年以来,韩国人早已紧紧地拥抱了道,道教文化进入其血脉,永远不能分割。

在道教文化中有一个关于大地的说法:大地就像一个人的身体,时刻都在呼吸,终南山就是大地的肺部。在群山之下,大地的地心中,有通道相连,有气息贯通。五岳以及其他华夏大地上著名的仙山都是这样。终南山与韩国虽然远隔千里,但是大地的气息相同,道气相连。

◎ 住持贾慧法与韩国驻西安领事馆领事长留影

◎ 金仙观全景

　　华夏与韩国在远古就有着无法割舍的血缘关系。距今约3000年前，那场著名的牧野之战之后，商朝遗臣箕子来到朝鲜半岛，与当地土著一起建立了"箕氏侯国"。在中国汉代的历史学家司马迁的名著《史记》中记载，商代最后一个国王纣的叔父箕子在周武王伐纣后，带着商代的礼仪和制度来到朝鲜半岛北部，被那里的人民推举为国君，并得到周朝的承认。史称"箕子朝鲜"。此事在《史记·宋微子世家》、《尚书大传·洪范》中都有记载。其受封之地即今之平壤，《三国遗事》记载："都平壤城（小字注：今西京）。""箕子朝鲜"的历史延续千余年，直到西汉被燕国人卫满所灭，建立了"卫满朝鲜"。"箕子朝鲜"可以说是朝鲜半岛文明开化之始，据说，如今朝鲜喜爱白色之民俗，即商代尚白之遗风。箕子胥余是商末著名贤臣，因其品行高尚，被孔子誉为殷之"三仁"之一。箕子入朝鲜半岛，不仅带去了先进的文化，先进的农耕、养蚕、织作技术，还带入了大量青铜器，另外还制定了"犯禁八条"这样的法律条文，以至于"箕子

朝鲜"被中原誉为"君子之国"。大量中国古代典籍和朝鲜史书的记载，与朝鲜出土的青铜器、陶器以及朝鲜的地面古迹三方面可以相互印证，都证实了"箕子朝鲜"的存在。

中国在汉代之前向来崇尚道家思想，从那个时期开始，韩国就开始受道文化的滋养。

唐朝自开国皇帝李渊宣扬道教以后，随着道教在唐朝的发展壮大，逐渐引起与唐朝一海相隔的日本、新罗等国的关注与重视。仅公元840年，即开成五年，学成归国的新罗留学生就有105人。李同、崔彦、崔致远、金可记等人还取得进士及第，时称"宾贡进士"。而唐朝政府为接待新罗遣

◎ 梅·张长松

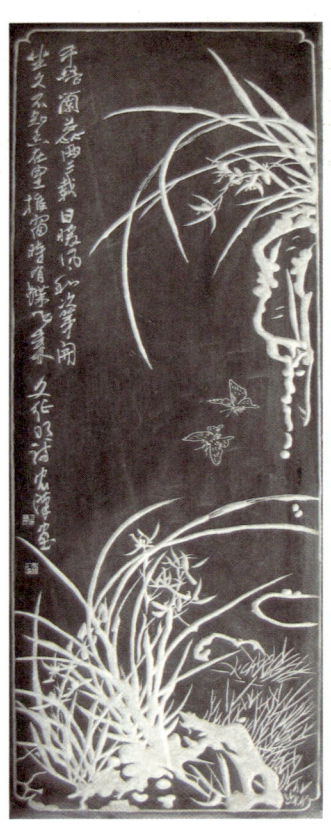

◎ 兰·杨宏汉

唐使和新罗客人,亦在长安专门设有新罗馆。

公元836—840年间,即唐文宗开成年间,新罗人崔承佑、金可记、僧慈惠赴唐留学,他们曾经在中原大地上四处寻访得道高人,终于在终南山会见了天师申元之,又从钟离将军那里得到了道书和修炼的口诀,三年以后,三人修炼成功。金可记留在了唐朝,崔承佑和僧慈惠回到了新罗,并在新罗传播道教修炼内丹成仙的方法。后来金可记又向入唐的崔致远和李清等人传授口诀,从此开创了新罗道教的修炼传统。

金可记留学长安期间,曾以其非凡的才学荣膺进士之衔。后隐居子午峪修道,修道期间,他在谷内广泛种植花果,使子午峪又有了"果峪"之名。

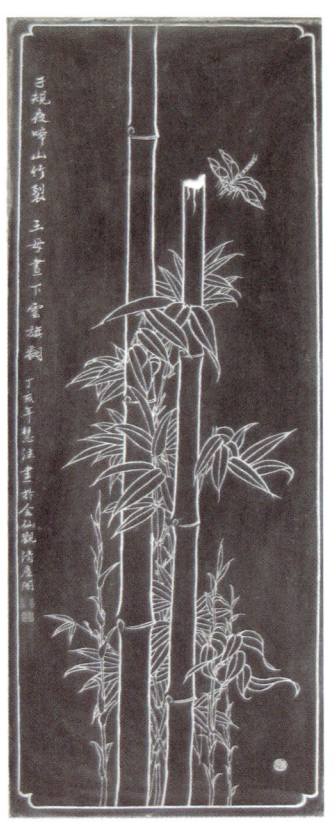

◎ 竹·贾慧法

◎ 菊·杜振华

　　金可记身为"宾贡进士"却不入仕，而是隐居子午峪中一心修炼道家仙术。他受道教仙祖钟离权传授内丹术，成为传播韩国道教的第一人。公元858年，即唐大中十二年二月二十五日，金可记羽化于谷内。金可记仙逝后，有好道者将他的传记同杜甫的诗一起刻写在巨石之上，成为珍贵的摩崖石刻。

　　子午峪自唐代以后，成为道教重要的洞天福地之一，历代都有高道隐居于此地修道。

　　在金可记隐居子午峪修道之前，诗仙李白与诗圣杜甫都曾写过与子午峪中修道隐士交往的诗文，他们共同的朋友元逸人是盛唐时期很有名望的道士。杜甫笔下的元逸人与李白笔下的丹丘生是同一人，李白从二十多岁结识元逸人以后，曾与他一起在河南嵩山隐居。另作《颍阳别元丹丘之淮阳》诗云：

> 吾将元夫子，异姓为天伦。
> 本无轩裳契，素以烟霞亲。
> 尝恨迫世网，铭意俱未伸。
> 松柏虽寒苦，羞逐桃李春。
> 悠悠市朝间，玉颜日缁磷。
> 所失重山岳，所得轻埃尘。
> 精魄渐芜秽，衰老相凭因。
> 我有锦囊诀，可以持君身。
> ……

　　此诗叙述两人交往之深情。后来元丹丘又曾到华山、子午峪中隐居，李白亦常到其隐修之处与其谈论仙道之术。元逸人、李白与唐宗室中早早就开始修道的玉真公主亦多有交往，常在一起谈玄论道。杜甫亦有赠诗给元逸人，公元752年，即唐天宝十一年，杜甫在《玄都坛歌寄元逸人》诗中写道：

> 故人昔隐东蒙峰，已佩含景苍精龙。
> 故人今居子午谷，独在阴崖结茅屋。
> 屋前太古玄都坛，青石漠漠常风寒。
> 子规夜啼山竹裂，王母昼下云旗翻。
> 知君此计成长往，芝草琅玕日应长。
> 铁锁高垂不可攀，致身福地何萧爽。

从这首诗看，元逸人不但曾在东蒙峰隐修过，更有长期在子午峪中隐修的打算。

道名远播，加上李白、杜甫等大唐第一流诗人的诗歌吟咏，元逸人不但成为历史上有名的隐士高道，更使他隐居过的子午峪成为修道者的理想场所，而另一方面也成为向往修道及仙道文化发展壮大的重要场所。

终南圣境金仙观

道教名胜金仙观

金仙观是我国古代道观中常见名称之一，在中国不少地方都有金仙观或以金仙命名的建筑存在，可见金仙二字作为一种道教意义上的文化传播在中国人心目中的崇高地位。

在我国唐代，睿宗之女金仙公主出家修道，遂命其道观为金仙观，这座金仙观是当时唐长安城内外最为著名的道观之一。

金仙公主（689—732），讳无上道，为睿宗之女，昭成皇后窦氏（生前

◎ 2011年金仙观山门落成典礼

为德妃）所生，是唐玄宗的妹妹，也是和她一起出家做女道士的玉真公主的姐姐。金仙公主在年幼时，当她的父亲还没有做皇帝的时候，最初的封号是西城县主。她从小受唐王朝崇尚道风习气的影响，好读《道德经》，心慕仙缘。至公元706年，即神龙二年，十八岁的西城县主自愿度为女道士，并拜当时极为有名的道士史崇玄与叶法善为师。

道士史崇玄本是怀河内县缝靴人也，后度为道士，依附于太平公主，做了太清观主。公元706年，即唐中宗神龙二年，敕封为三洞大法师金紫光禄大夫鸿胪卿河内郡开国公上柱国，甚得尊宠。金仙、玉真二公主皈依道门，即由史崇玄行度。公元712年，即唐玄宗先天元年，奉令领京师诸观道士及昭文馆、崇文馆学士，据京中所藏道经二千余卷以为音训，撰成道教辞书《一切道经音义》。次年，史崇玄参与太平公主谋反事件，在唐朝廷争权夺位斗争中遭到诛杀。史崇玄在领衔编撰《一切道经音义》的同时，尚编成《妙门由起》一卷，凡六篇，即"明道化"、"明天尊"、"明法界"、"明居处"、"明开度"、"明经法"，类集诸道经之说，以述道教、道经之源流。史崇玄谓无为无形而有情有信之道，乃一切之祖，万物之父母，自然感生元始天尊，示变应迹，垂灵托胎，遂有真身、应身、法身、化身、报身之分，现为元始天尊、太上道君、天宝君、乐静信等。又命尹喜入天竺化胡，与鬼谷子至昆仑山行教，因之道流天下，广度万类。其分奉道士为天真、神仙、幽逸、山居、出家、在家、祭酒凡七等，而道经或凝空结气自然成章，或浮黎协宸圣人演妙，或天书下降玉字方传，或代出圣师撰述灵旨。

叶法善（616—720）字道元，括州括苍（今浙江丽水松阳）人，唐代道士、官吏，有摄养、占卜之术，历高宗、则天、中宗朝五十年，时被召入宫，尽礼问道。睿宗时官鸿胪卿，封越国公。叶法善出身于四代修道人家，祖辈皆以阴功密传，救物济人，甚为世人称道。后世所传《集异记》及《仙传拾遗》中记载其事颇详，极尽神异之说。公元656—661年，即唐显庆年间，信奉道教的唐高宗闻听法善的名声之后，诏他入京，留在宫中奉为法师。当时，高宗曾下令广召天下方术之士，准备合炼"神丹"，以求

长生不老。法善深知金丹含有毒素，对身体无益，于是竭力劝谏。高宗接受了他的意见，并命他裁办此事。法善遣退了90余人，合炼长生不老神丹之事就此停止。叶法善自高宗、武则天、中宗至睿宗，历时50年，始终未曾失掉皇帝的尊宠。

史崇玄与叶法善皆为当时大唐皇家尊崇的道士，由于他们是当时道教名望极重的高人，是故金仙公主和玉真公主拜在两人门下，自有一番无尽道缘。

至睿宗登基以后，西城县主改封为金仙公主，其道观称金仙女冠观。金仙公主曾在华山修道多年，所以也被称作华山女仙。后来又去了华山白云峰构舍隐居，修道养真，道成后骑鹤升天。后人在白云峰建白云宫，在玉泉院东修仙姑观，又名仙宫观，以作纪念，现华山大上方白云峰尚有宫祠、竹园、药畦、看岳棚遗址和"唐金仙公主修行处"的石刻。据《大唐故金仙长公主志石铭并序》记载金仙公主云："年十八入道，廿三受法，以壬申之年建午之月十日辛巳薨于洛阳之开元观，春秋四十有四。"公元736年，即开元二十四年陪葬桥陵（今陕西蒲城县）。

金仙公主自幼即开始学习班昭所著之《女则》、《女范》、《女孝经》等著作，知礼仪，有慈心。成年后，仪容可人。虽以公主之贵，而崇道修行。她与妹妹玉真公主从小目睹了皇宫之内的血腥与冷酷，所以早早就有了修行的打算，为替母亲祈福，她们请求父皇答应了自己的修行愿望，睿宗遂为她们建筑了金仙观和玉真观。

睿宗为金仙公主所造之金仙观位于唐长安城辅兴坊东南隅，即现在西安市的西站路至大庆路之间，其建筑宏伟而所费不菲，为当时人所议论。虽有大臣向宣宗进谏，上亦默许之。金仙观内有楼台阁榭，俨然为女子宫殿一般。

从金仙公主之金仙观到长安子午峪之玄都坛，在唐朝时正处于一条直线上，因金仙观一则在地理位置上的接近，再者因其为帝王为公主所造女道观，规模宏富，影响极大，因此被称为玄都坛周边最为有名之道观。近年所建于子午峪内玄都坛下的金仙观其名来源于此，亦为合情合理之说。

  玄都坛初建于汉代，至唐时已成为重要的道教场所之一。金可记在子午峪羽化升仙以后，子午峪更成为道教仙境。后人根据金可记本事撰写《续仙传·金可记传》，于子午峪中修建了新的道观，命名曰金仙观。从此金仙观不但成为陕西道教中的重要道观，也被视为韩国道教祖庭和韩国金仙学会的重要成绩之一。

韩国道教源金仙

每年春暖花开的时候，世界金仙学会的会长、韩国著名的道学家，同时也是世界金仙学会的创建人崔炳柱会长总会如期而至，来到祖庭朝拜静修一段时间，世界金仙学会由他创办并且已经在全世界十多个国家设立分会，仙道的种子在金可记之后远隔千年再次被传播到全世界。

每次来到金仙观，崔会长总会深深触摸着当年祖先曾经修炼的这个地方。

在当代世界金仙学会，越来越多的会员开始认识终南山古老的玄都坛和中国道教，而这座金仙观正是在这样的背景下修建起来的，在道观最初

◎ 学术交流

的修建中，崔会长甚至将自己在青岛的一栋别墅卖掉来修建道观。

每个国家都有属于本国的历史文化与发展起源，而每一种文化也自然有独特的肇始与传说。韩国作为朝鲜半岛上南部的一个独立的国家，在韩国的历史上也有开国的记录与始祖的创世纪传奇。

自从远古时期地球上的人类知道了人有生老病死以后，作为高等级动物的人类也就开始了对人生价值的思考，对生命长存的渴望和对宇宙时间的探索与求知。纵观人类历史，宗教几乎就是从人类认识自我以后开始出现的，远古人类的图腾崇拜就是宗教的最初体现。到了后来，人们从对人体生命长存的渴望发展为向往神仙不死的理想而创造出佛道神仙的理念，追求长寿与永存就成为一种理想而为世人所欣羡与追求。

与世界上的其他国家一样，韩国从远古时期开始也产生了仙人长寿的思想观念。在韩国的历史上，从远古时期的桓因、桓雄、檀君时期，天帝与长寿仙人的故事就被代代流传下来。在这样的理念传承与发展下，韩国古人也逐渐有了对修行、养生等思想理念的开拓与发展。虽然在一个很漫长的时期之内，韩国古人的向往仙界、追求长生梦想在不断地完善与前行着，可是在那样久远的时期里，对仙人的向往也仅仅存在于他们看到那些恒久不变的事物或者长寿如龟鹤的钦慕之中，仙道的法门与宗教的模式并没有成为古代韩国人所能达到的一个境界。

如果有心人想要追寻韩国历史上最早关于道的概念，溯本求源来看，还是会发现其与中国先秦时期的道家思想有着密不可分的关系。自从中国先秦时期的道家思想成熟并开始传播以后，随着秦汉时期帝王对长生不老之术的孜孜以求以及术士、炼丹师的不断扩充，到海外寻觅仙方、访求神仙的思想也逐渐蔓延开来。这种对神仙境界的追求与向往也就同时传播到海外各岛。与华夏大地一海之隔的日本与朝鲜自然不能例外地对这种思想有了传承并加以演化开去。

而真正属于朝鲜半岛的"花郎道"，虽然有着它独特的道家思想与理念，却也有着明显的中国道家思想的痕迹。花郎道中的"玄妙"一词，明显受着我国传统道家思想的影响，老子所著《道德经》里第一章有一句：

◎ 学术交流

"玄之又玄，众妙之门。"是花郎道所汲取的道家营养成分之一。据朝鲜半岛高丽王朝时期的历史学家金富轼（1075—1151）所著的《三国史记》记载：百济太子大破入侵的高句丽军，乘胜追击至水谷城西北，将军莫古解谏告太子说："尝闻道家之言'知足不辱，知止不殆'。今所多矣，何必求多。"于是太子闻言而停止追击，这说明老庄道家思想的影响，早在朝鲜半岛的三国时代就已经深入到百济国内的有识阶层并被广泛接受和运用。金富轼的《三国史记》是朝鲜半岛现存最早的历史书籍，他的记载，为后人留下了中韩道教文化交流的历史轨迹与遗痕，有助于世人了解韩国道教的起源与踪迹。

在新罗时期，曾经留学大唐取得进士名衔并在大唐为官的著名文学家、中匡道家修行与传承的代表人物崔致远在其所撰写的《鸾郎碑序》中说："国有玄妙之道曰风流，设教之源备详仙史。实乃包含三教，接化群生。且如入则孝于家，出则忠于国，鲁司寇之旨也。处无为之事，行不言之教，周柱史之宗也。诸恶莫作，诸善奉行，竺干太子之化也。"从这段记载来看，在新罗时期所记载的与仙史有关的花郎道起源，具有中国道家无为特点的鲜明标志，而花郎国仙所推崇的"处无为之事，行不言之教"，逍遥于山水之间的修行、锻炼方式，无不说明盛行于朝鲜半岛上的花郎道是具有中国道家传统思想理念和道家精神特质的宗教团体。

当然，关于花郎道的记载是韩国历史上真实存在的一种现象。可是我们也不能忽略在古代朝鲜中就曾有过的关于韩国始祖神话的典故存在。据说檀君是古朝鲜始祖的神话，檀君神话就是建立在神仙信仰基础上并加以想象来传扬和发挥的。古朝鲜高丽王朝的僧人一然著有《三国遗事》一书，在书中的第二卷里写道："郡中有三山：日山、吴山、浮山，国家全盛之时，各有神人居其上，飞相往来，朝夕不绝。"此处所写的神人能够自由地"飞相往来"的明确记述，是来自《列子·汤问》一书中对五位神山仙人的描写。书中说的是在百济的三座仙山里，各自都居住着不同的神人，这些飞相往来的神人就是韩国历史传说中的神仙。早在中国的秦汉时期，中华民族就有了蓬莱、方丈、瀛洲三座神山的传说，这或许正是古朝鲜神仙思想的原型与模拟对象。到了公元十六至十七世纪时，朝鲜文士赵汝籍在其所撰的《青鹤集》里称檀君神话中的桓因为真人，桓真人从此被视为东方仙派的鼻祖。

自从仙道思想在朝鲜半岛生根发芽之后，随着中国社会的强盛以及文化、思想、科技等各方面对朝鲜半岛的影响和渗透，道教与儒教、释教也逐渐在朝鲜半岛扎下了永远的根。而对韩国道教来说，在新罗时期留学大唐的宾贡进士金可记就是韩国道教的奠基人和祖师爷。金可记留学大唐之后，虽然取得了进士的荣誉，却不为名利所诱，一心隐居于长安子午峪内修行学道，最后在大唐得道成仙，不仅在中国成为有名的神仙，在韩国更成为影响深远的一派宗师与道教始祖。

成立于韩国的世界金仙学会就是传承与研究韩国道教文化的专业机构，该会会长崔炳柱非常热衷于韩国仙道文化的研究与发扬。为了寻找韩国仙道之根，他在 2000 年 11 月探访中国仙道发源地终南山时，从当地村民口

中知道了子午峪里有石刻碑文的故事。后来在中国有关学者的协助下找到了这块石碑，经过对拓片的研读，他们发现这块石碑上记载的内容竟是有关新罗时期金可记仙人的传记。而且从石碑文字中也了解到，金可记仙人曾经从全真道真人钟离权那里学会了仙道，并将道法传授于崔致远的事实，而且金可记仙人所修炼的"灵宝毕法"与他本身修炼的功法相同。崔炳柱和他的学会同仁为此发现而惊喜异常，他们觉得应该把金可记仙人的事迹向世界宣扬，于是于2002年在中国陕西省楼观台举办了"韩中日道教学术会"，并特意树立了金可记仙人的纪念碑。2004年4月2日，世界金仙学会与陕西省道教协会共同在陕西楼观台举行了纪念金可记仙人的金仙观奠基仪式。也正是因为在韩国金仙学会的参与和重视下，古已有之的玄都坛重新赋予了金仙观新的使命和生命力，也使金仙观不仅仅成为全真道在中国的新道场，更成为韩国道教的祖庭，为后人所追慕与向往。

道教传入新罗国

  韩国位于朝鲜半岛的南部,而朝鲜半岛则是一个有着久远人类生存历史的国家。考古学的发现证实,早在数十万年以前,朝鲜半岛就已经有了人类居住过的痕迹。朝鲜半岛的旧石器时代非常漫长,大约起始于公元前50万年。自公元前10世纪开始,朝鲜半岛上居住的人们已经进入了青铜器时代。公元前4世纪,朝鲜半岛进入铁器时代。传说在公元前2333年,相当于中国尧帝时,天帝庶子桓雄下凡到现在的朝鲜半岛,其子檀君建立了朝鲜国,定都平壤,史称"檀君朝鲜"。这也是朝、韩两国历史的起源。约在公元前3到2世纪,有过一个辰国,被认为是三韩(辰韩、马韩、弁韩)的前身,也被认为是朝鲜民族最早建立的国家。

自古终南多仙话

绵延万里的终南山,在远古时期就被赋予了"神仙洞穴"的称谓。终南山又被称做中南山或南山,国人最熟悉的一副对联"福如东海水,寿比南山松"里的南山就是指终南山。《小雅·天保》有句云:"如南山之寿,不骞不崩。"这些流传千古的名句,无不说明终南山与长寿、修仙有着千丝万缕的联系。

终南山位居中华大地的腹心位置,处于中国最大的两条河流长江与黄河之间,它既是中国南北方的天然分界线,又是代表了黄河流域文明的秦

◎ 2006年金仙观开光典礼上中韩双方互赠礼物

陇文化与代表了长江流域文明以及荆楚文化的重要交汇点。同时，终南山也是中国从道教开创以来最为重要的发祥地，是道教文化传播世界的摇篮和根据地，有关终南山与道教发展的典籍文献、历史传说、神话故事可谓数之不尽，用之不竭。

作为我国历史上最伟大的哲学家与思想家的老子，被道教尊称为祖师，同时被视作中国道家学派的创始人。老子所著《道德经》是他流传给世人的最大财富，当年老子出关的时候，正是从终南山的函谷关弃绝人世不知所踪的。由于他所留《道德经》对道家发展有深远而巨大的影响力，他被道教称为"太上老君"。公元666年，即唐乾封元年，高宗更追号老子为太上玄元皇帝，他也是中国神话传说里的"三清"之一。

道教认为山是天与地之间的过渡区域，因此道家的修行与活动都选择在名山之中，他们认为山是天帝所遣仙人降临凡间的最佳居处，因此也就认为只有在山里修炼才易于和天上的神仙取得感应，才能够成道成仙。在包含了宋代以前全部古代道书的道教典籍《云笈七签》一书中，一共列出了十大洞天、三十六小洞天以及七十二福地，这些洞天与福地，无不是道家修炼成仙的绝佳圣地。而老子出关时所走过的终南山就是这样的洞天福地。《关中记》称："终南太乙，左右三百里为福地。"而地处秦岭东端的西岳华山，更是一座被称为"高七千仞，洞周回三千里，名太极总仙之天"的三十六洞天里的"总仙洞天"，终南形胜与道教福地之谓由此可见一斑。

也正因为如此，终南山范围内的山峰谷峪也就成为历代佛、道二教的发源地与重要活动地区。晋代的葛洪在他的著作《抱朴子·内篇》中列举的"可以精思合作仙药"的大山中，仅属于终南山范围内的名山就有华山、太白山、终南女儿山和地肺山等处。

据史料记载，早在春秋战国时期，胎息、服气、导引之类的养生健身之术和服食药物的医药术已经在关中地区流行起来，而追求长生不老的神仙方术以及以此为生的方士也应运而生。正因为如此，"长生不老"之法也成为那些幻想永享荣华富贵的帝王所孜孜追求的人生理想。

秦始皇当年为了求到"长生不老"之药，屡次派遣方士往海外寻找"蓬

莱仙山"，祈求不死仙药。再后来，秦始皇还相信方士的引导，自称"真人"，成为后世道教最高称谓的源头。秦始皇还曾让宫中的博士创作《仙真人诗》，编谱曲传唱，首开中国道教音乐的先河。秦始皇追求长生之梦虽然未曾实现，却成为道家修身与炼丹之术的积极支持与推进者。

到汉武帝时期，有方士李少君自称年已七十，有祠灶、谷老（即辟谷）、却老之术，说自己在祠灶时能看见神仙，并以此劝说汉武帝随他入祠灶，并且派遣方士入海访求安期生。李少君仙逝后，汉武帝说他是升仙了，为他修建招仙阁。自然，汉武帝的求仙之路也是以失败告终的，然而他对道教发展的影响是十分巨大的，他在道家转变为道教、古代原始氏族宗教转变为国家宗教的过程中起到了承前启后的推进作用。

至隋朝末年，唐王朝开国皇帝李渊在晋阳起兵反隋，其女平阳公主在终南山宜寿宫组建娘子军时，有终南山通道观道士岐晖直呼李渊为"真君"，并以观中资粮接济娘子军。李渊入关中后，先遣使至楼观设醮祈福，授岐晖金紫光禄大夫，改名平定；次日方攻克长安。对唐朝开国有贡献和影响的还有一位终南山道士李淳风，他在唐朝开国之前曾宣扬太上老君在终南山告诉他："唐公当受天命。"这对李渊起义之初的"受天命，得人心"起到了很大的鼓舞与支持作用。因此在唐王朝建立之后，李淳风先后被授将仕郎直太史局、太常博士、太史丞、太史令等职，颇受器重。

唐高祖李渊、唐太宗李世民以及后来的唐玄宗李隆基都是中国历史上有见地、有作为的明君。他们为了给李氏家族的统治寻求传统理论的支持，以符合"君权神授"的封建思想基础，一方面借鉴西汉之初实行道家无为政治的经验，谋求天下大治；一方面也从保护国家财政出发，欲对当时过分膨胀的佛教势力加以遏制，基于这两条基本原则，唐初的几位皇帝共同促成并实施了"崇道抑佛"的基本国策。

唐王朝的崇道主要体现在两个方面：首先是对道家思想的推崇，将《老子》、《庄子》列入学子必读书目，将清静无为思想贯彻于国家政治。其次对于道教的发展予以大力支持，大力阐扬老子神话和对于神仙方术的追求。

公元618年，即唐武德元年，太上老君降显绛州羊角山的神话传布朝

野,李唐宗室便自认为是老子后裔。公元620年,即武德三年,唐高祖至楼观祭祀老子,认为是"朕之远祖,亲来降此。朕为社稷主,其可无兴建乎?"(《混元圣纪》卷八)于是诏令改楼观为宗圣观。

正是由于新兴的唐王朝对道教文化传播的重视和推崇,道教很快成为当时国内发展最快且最有影响的宗教。与唐朝一海之隔的朝鲜半岛(即新罗王国)也受到了唐王朝上下崇道精神的影响。到公元七世纪的时候,读老庄之书已在新罗贵族子弟中成为一种时尚。

公元624年,即武德七年,唐高祖再度前往楼观祭祀,并立碑记其事。同年,中国道教以及很多道教的秘籍正式传入朝鲜半岛,并在新罗国的保护下,影响并促进了新罗国内原有的仙道传统风气,使中国的道教在新罗国内奠定了扎实的基础,同时与之前已由中国传入的儒教、佛教形成与中国一样的儒、释、道三教并重的局面。

 终南圣境金仙观

神仙国度有新罗

从中国古代神话里有蓬莱、方丈、瀛洲三神山来看，韩国也有金刚山为蓬莱、智异山为方丈、汉拿山为瀛洲的三座仙山的传说。可以说，韩国也是一个从远古时期开始就有着仙人概念和期待长生思想的国家。在韩国的历史传说中，桓因是朝鲜神话中最早的天帝。据韩国道家古籍《青鹤集》所记载：韩半岛上的东方仙派与中国的神仙体系原本有着传承的关系，著名的朝鲜东方仙派祖师桓因得道于明由，明由得道于广成子，而桓因的道脉后来由桓雄、檀君、文朴氏、永郎等人继承、密授并流传。

桓因是朝鲜神话中的天帝，他的庶子桓雄想下凡，因此桓因选了三危、

◎ 贾慧法住持与张继禹副会长、崔炳柱会长在韩国首尔

太伯二帝,并给了桓雄三个仙符印,作为天上神仙的标志,并派了3000名随从同他一道来到人间。桓雄降临在太白山山坡上的一棵神圣的檀香树附近。他自号天王,建立了神城,任命了三位大臣分别掌管风、雨、云,并教臣民学习耕作、医药、木工、编织和打鱼在内的三百六十种技艺。当时有一熊一虎住在檀香树附近的一个大山洞中,每日来到檀香树前向桓雄祈祷。天王最后被它们的祈祷所感动,将它们叫到跟前,给了它们二十瓣大蒜和一小支神圣的艾蒿。他说:"吃下这些东西,百日之内不要见日光,如能做到,即可变成人类。"熊和虎将蒜和艾蒿吃下,回到洞中,虎耐不住煎熬,不久便出了山洞。熊则安心等待,才过了二十一天,就变成了一个美貌的女人,后人称之为熊女。这位女人十分高兴,但是由于找不到娶她为妻的人,于是她又到檀香树前祈祷,希望能有一个孩子。桓雄很怜悯她,便将自己暂时变成了人形,与她结合。这位女人后来怀了孕,不久便生下了一个儿子,这个孩子最初起名王俭,后来被称作檀君,他就是传说中朝鲜的开国国君。檀君既是朝鲜民族的始祖,也是神话传说中的山神。

　　檀君成为朝鲜半岛上的君王以后,定平壤为都城,称他的王国为朝鲜。此后,他将都城迁至太白山上的阿斯达。檀君在朝鲜半岛一共统治了1500年才退位,退位以后,他隐居在阿斯达成为山神,活到了一千九百零八岁。

　　从远古的神话传说来看,桓因、桓熊和檀君是朝鲜民族最早期的神话人物,是在朝鲜半岛上开创国家的神话鼻祖,也是朝鲜民族神仙思想的雏形阶段。在后来的漫长岁月里,韩国民间虽然对神仙世界有着一心向往与探索的概念,但是这样的思想还不足以成为一种宗教或自己的鲜明流派。

　　因为中国的神仙故事和方士炼丹术的流传,早在秦朝时期,修仙成道的思想就已经传到了朝鲜,秦始皇统治中国以后,有一位方士韩终到达现在的朝鲜半岛建立了马韩国。据说正一盟威之道早在三世纪初即已传入朝鲜。

　　道教在朝鲜社会的传播,最早可追溯至先秦道家思想的影响。三国时代神仙思想的始源,可追溯至新罗花郎道的修炼活动。修花郎道者称为花郎国仙,花郎道又谓"玄妙之道",以修行神仙之道为特质。其"玄妙"明显受道家思想影响,"玄之又玄,众妙之门"是老子《道德经》第一章的名句。崔致远在《鸾郎碑序》中说:"国有玄妙之道曰风流,设教之源备详仙史。实乃包含三教,接化群生。且如入则孝于家,出则忠于国,鲁司寇之旨也。处无为之事,行不言之教,周柱史之宗也。诸恶莫作,诸善奉行,竺干太子之化也。"

新罗曾有仙史记载花郎道的起源,玄妙之道具有中国道家无为的特点,花郎国仙"处无为之事,行不言之教",逍遥于山水之间的修炼形式,都说明花郎道具有道家的精神特质。

根据对朝鲜半岛进行的考古和美术史的研究资料来看,在公元七世纪以前,道教已从我国开始传入朝鲜半岛。在四世纪初期,朝鲜半岛曾经有一个国家叫乐浪。从乐浪发掘出来的历史遗物中有汉代的铜镜。铜镜是道教仪式中的一种用具;而在五世纪初建成的高句丽舞俑冢古墓壁画上,也已经出现了仙人的形象。到了六世纪初,建成于百济武宁王的陵中也出土有"方格规矩神兽文铜镜"和"宜子孙兽带镜",这两枚铜镜里都有道教形式的铭文和雕花。因此根据目前发现的遗物可以证明,韩国道教在四世纪初就出现了。至公元七世纪,读老庄之书,已在新罗贵族子弟中蔚然成风。同样,在《高句丽本纪》中也有记载。公元624年,即高句丽荣留王七年,唐高祖送来了道士和元始天尊像和道法,让该道士在高句丽讲论《道德经》,国王和国人都听其讲论。公元643年,高句丽宝藏王的大臣渊盖苏文积极地主张引进道教。此年的三月,苏文告王曰:"三教譬如鼎足,缺一不可,今儒释兴,而道教未盛,非所谓备天下之道术者也,伏请遣使于唐,求道教以训国人。"宝藏王采纳了这个建议,向唐朝请授道教,于是唐太宗派道士叔达等八人携同《道德经》应邀而往。当时宝藏王很高兴,他把佛寺当作道观,并将道士置于儒士之上,采取了抑佛崇道的国策。道教先传入高句丽,然后慢慢传到新罗和百济。

道教不但是中国传统思想文化的基础和主流,也是东亚传统思想文化的基础之一。亚洲国家中除了中国以外,受道教影响最大的要数韩国和日本。韩国的道教与韩国本土文化有着密切的联系。道教对韩国历史上的政

治、文化影响重大。虽然韩国的道教没有形成特有的流派或团体,但是韩国历史中,不仅仅是统治阶级,民间也深受道教的影响。例如韩国道教也用"道教"这个名字就能说明受到中国道教的影响。要不然韩国道教就不会用"道教"这个词,而是自创个其他词来表示韩国特有的"道教"。其实韩国道教的自创论在韩国也不太受认同。主要原因是不能客观充分地证明这理论的正确性。其次,在韩国,关于中国道教的研究还是比较欠缺的。为了提供韩国道教的自创论和独立性的理论依据,必须研究中国文献。

随着大唐盛世的发展,唐代的各种文化与社会活动对周边国家产生了巨大的影响。唐朝与日本、新罗等国的社会、经济、贸易的交往亦越来越频繁,由于李唐王朝对于道教的推崇与发展,道教亦进一步流传到了新罗,对新罗国的道教发展产生了深远的影响。

大道传入新罗国

据高丽时代的僧侣一然所撰《三国遗事》卷三记载：唐高祖于高句丽荣留王七年（公元624年）送来了道士和天尊像，让道士在高句丽讲论《道德经》，国王和国人都听其讲论。翌年，荣留王派人赴唐学习佛老，以示答礼。此后，至公元643年，高句丽宝藏王再次主动向唐朝寻求道教，据《三国史记》卷二十一记载：高句丽的莫离支（兵部尚书兼中书令）渊盖苏文陈请接受道教。

在大唐王朝的影响和朝鲜国家的保护和推动下，道教文化促使朝鲜民族中原有的仙道传统得到了进一步发展，并进而对朝鲜半岛的文化产生了

◎ 住持贾慧法向韩国高丽大学赠画

道教传入新罗国

长远的影响。同时，中国的许多道教流派中的秘传书籍、修炼法术也随着两国的交流和传播而流传到朝鲜半岛。

在公元660年和668年，即唐高宗显庆五年和总章元年，新罗国分别消灭了百济和高句丽，统一了大同江以南的地区和部分高丽地区，实现了对朝鲜半岛大部分地区的统治。新罗国在对朝鲜半岛实行统治以后，积极与日本在唐朝近海进行了各方面的贸易活动，同时也积极派遣留学生远渡重洋赴唐朝学习文化、科技、礼仪制度。这一阶段，新罗僧人在唐朝与西域交往的过程中起到了非常重要的作用。

又据《海东传道录》等书记载，在公元836—840年，即唐开成年间，亦即新罗闵哀王时代，崔承佑、金可记、僧慈惠等三人入唐留学，他们曾经在中原大地上四处寻访得道高人，终于在终南山会见了天师申元之，又从钟离将军那里得到了道书和修炼的口诀，经三年修炼而终于成丹（得道）。据载，金可记由宾贡科及第成为唐朝的官吏，后来又隐居于长安修道，还曾经作为唐朝的使臣回归新罗传道。不久后，金可记从新罗再次来到长安，真正过起了隐居生活。公元857年，即唐大中十一年十二月，金可记在终南山子午峪内面对着众人的围观，在大白日里升天成为神仙。而崔承佑、僧慈惠回国后，亦传其道法于新罗。崔承佑后来入五台山，寿至九十三岁，僧慈惠则寿至一百四十五岁。他们的弟子崔致远也曾赴唐留学，金可记又向入唐的崔致远和李清等人传授口诀。崔致远在唐科举及第，并一度历任唐朝官职，后回国修习并传授道教，是韩国历史上著名的文学家和道教祖师，被后人视为朝鲜道教的鼻祖。

此后，道教在朝鲜迅猛发展。高丽时代是朝鲜史上道教最兴盛的时代，特别是文宗、肃宗、睿宗、仁宗、毅宗（1046—1170年）朝代，国王对道教极度地信仰和尊崇，新罗道教也开始达到了一个全盛的时期。全国在这个时期修建了大型的道观，建立了道士制度和祭祀制度，国家多次举行规模巨大的各种斋醮活动，用于祈祷国泰民安和国王自身的长寿。当时参与斋醮的道士人数众多，用于斋醮的大量的名文青词、斋词仍然保留至今。

◎ 讲经堂活动

到朝鲜时代，道教继续为国家所崇奉，历代国王仍然笃信道教，时常举行各种大规模的斋醮活动。这个时期制定了制度化的道教祭祀仪式，并建立了国家道教官署——昭格署。昭格署里配备有一定的官员，祭典由国家主管。昭格署由三清殿、太一殿、直宿殿、十一曜殿以及内外诸坛组成，祀奉玉皇上帝、太上老君、普化天尊、梓潼帝君等神仙以及日月星辰、四海龙王、地府十王等诸神。

道教从此亦成为对韩国影响巨大的宗教之一，并代代相传下来。

道教传入新罗国

中韩道教畅道情

新罗仙风深受中国道教体系的影响，具有浓厚的道教色彩。在新罗历史传说中，著名的述郎、南郎、永郎、安详，被称为新罗四仙。新罗四仙以超凡脱俗、不为尘世所累的神仙楷模闻名于世，他们传承着桓仁、文朴氏神仙体系，受到人们的敬慕。此后在朝鲜半岛上，脍炙人口的神仙人物还有瓠公、昂始仙人、勿稽子、大世、仇柒、玉宝高、于勒等。

新罗采取亲唐政策，唐王朝崇道自然会影响到新罗。公元640年，即新罗善德王九年，新罗开始不断派人到唐留学，这些留学生在唐亦受到道

◎ 世界金仙学会成员参访金仙观

教影响。新罗末期，公元836—840年，即唐文宗开成年间，崔承佑、金可记、僧慈惠等三人入唐，听钟离将军传授道书和口诀，经三年修炼而终于得道。金可记后来向入唐的崔致远、李清等人传授口诀，后仙去，而崔承佑、僧慈惠回国后，传其道法于新罗。

关于金可记的情况，宋代刊行的《高丽图经》里有道教事项，此外《云笈七签》卷一一三《续仙传》有其小传称："金可记，新罗人也。宾贡进士，性沉静好道，不尚华侈。或服气炼形，自以为乐，博学强记，属文清丽。美姿容，举止言动，迥有中华之风。俄擢第不仕，隐于终南山子午峪葺居，怀退逸之趣，手植奇花异果极多。常焚香静坐，若有念思。又诵《道德》及诸仙经不辍。后三年，思归本国，航海而去。复来，衣道服，却入终南，务行阴德，人有所求无阻者，精勤为事，人不可偕也。"传记称，公元858年，即大中十二年，"春景妍媚，花卉烂漫"之时，金可记升天而去。

在韩国道教文献《海东传道录》一书里，对于金可记、僧慈惠及崔承佑的学道及传道也有更为详细的记载，书中写道："唐开元中，新罗人崔承佑、金可记、僧慈惠三人游学入唐。可记先中进士，官华州参军，转长安尉。承佑又中进士，为大理评事。俱常共游终南。有天师申元之在广法寺，慈惠适寓，于是深相结知。二公同以绍介，每相过访甚欢。一日，冬，深山迳雪积之。二公到，山门留宿访客。夜二鼓，元之忽曰：钟离将军来。耶俄有客搴帘而入，虬髯、蟠腹，不带不履，顾眄殊伟，三人退伏户下，将军曰：何客耶。元之曰：此皆新罗人也。将军命之坐，进茶，款洽。元之曰：佛教流行，已满三韩。独我清净之教，尚未之传。罗邦之人无福而，然在吾教亦欠事。余观此三人，皆有仙骨，可以诲。今夜委以道兄决之。将军曰：吾见三人已内悉矣，但新罗国道教无缘，更过八百年，当有还返之旨，宣扬于彼。其后道教益盛，佛教渐微。地仙二百，或拔宅，或升飞，以弘大教。此三人生非其时，若欲学仙，留在中华，则吾当指训。元之谓三人曰：大师之诲切至，君等各盟天以受。三人即拜北斗步罡祝天以誓。将军曰：三人俱以微星下谪人间，不做神仙，当为将相，公等各各尽诚守持，力行不懈。以《青华秘文》、《灵宝毕法》、《金诰》、《人头五岳诀》、《内观玉文宝箓》、《天遁炼魔法》书付之。且授以口诀，拂袖去。元之大喜，遂置三人于石室，修炼内丹。躬自供给，凡三年丹成。可记、慈惠不出，而承佑从事李德裕于西京，兼盐铁判官。数年，李公谪崖州。因致仕归国，慈惠亦从之。可记坚心不还。泛舟至海中，忽飓风飘至大岛。有持节仙官送于船头，曰：正阳真人有书付二公。拆看乃钟离书也。令还其所授经诀曰：尔等缘薄，自坏天道，复何言乎。然东国八百年后弘明大道，必籍传授乃可入门。尔等所授经诀及伯阳《参同契》、《黄庭经》、《龙虎经》、《清净心印经》行于世者，可燃灯相付一线以传，尔赖此功超登上真也。二公涕泣以五种仙典拜受，仙官俄失其岛。及返国，惠公入五台山，承佑拜官屡升太尉。以口诀授文昌仆及李清，入头流山修炼得道。承佑九十三卒，五种书悉皆付清。清升去，其弟子僧明法得之。质疑于惠公，尽得其要。惠公百四十五年，入寂于太白山。法公亦三十二解去，以法授上洛君权清，清佯狂，诡为僧，修炼得道，隐于头流山。"这是有文献记载的唐代传道新罗的最详细资料。

自金可记之后，崔致远是中韩道教交流与传承的一位极其重要的人物。他是新罗末期人，也是韩国历史上第一位留下了个人文集的大学者、诗人，一直被韩国学术界尊奉为韩国汉文学的开山鼻祖，有"东国儒宗"、"东国文学之祖"的称誉。晚年归隐修行，不知所终。

崔致远（857—?），字孤云，公元857年，即新罗宪安王元年，生于京都沙梁部。公元868年，十二岁的崔致远辞别亲人与故国，只身西渡，随商船入唐，临行，其父谆谆重托，严苛诫告："十年不第进士，则勿谓吾儿，吾不谓有儿，往矣勤哉，无惰乃力。"崔家在当时并非显贵，只是一般贵族，要想振兴家族，光耀门楣，及第进仕是唯一捷径。十二岁的崔致远由此承担了光大整个家族的重大使命。公元874年，崔致远参加科举考试，一举及第。金榜题名的崔致远终于学有所成，可以稍稍卸下多年的重负，回报故国父老的殷殷厚望。佳讯传至新罗庆州，崔氏家族举族同庆。公元876年冬，弱冠之年的崔致远，终被朝廷任命为溧水县尉。

◎ 清风道人画"天地清气"

溧水地处僻静，与繁华热闹的长安、洛阳判然有别。南京郊县高淳固城湖畔的花山，因盛产牡丹花而得名。山的西麓有座古墓，长眠着唐代两位才貌双全的少女，人称"双女坟"。双女坟主人出身富门，自小躬亲笔砚，长大负有才情，因不满父母之命，嫁与显赫盐商，终愤恚而死。就任溧水县尉的崔致远巡察花山，下榻在招贤驿，闻得双女故事，凭吊孤坟，感佩与相惜之情油然而生，留下七律一首，以示哀悼。当晚在驿馆，忽见有使女飘然而至，送来红袋两只，内装和诗二首，诗中悲切凄楚，诉说命运不公。崔致远唏嘘不已，旋即回诗一首托使女带至。及夜，梦见两"仙女"驾临，紫裙自报家门，红袖诉说不幸。三人秉烛夜谈，吟诗唱和。不觉鸡鸣，姐妹俩急急辞别。崔致远一觉醒来，十分惊异，便作碑文《双女坟记》103字和七言古风《双女坟》431字，又写下《仙女红袋》一文，详述招贤驿梦遇仙女、人鬼相恋的故事，情节曲折离奇、文笔优美生动。此文后被收入韩国古典名著《新罗殊异记》，该书被视为"聊斋先河"，广为流传。

崔致远任职期满，欲西回长安。恰遇黄巢起义，起义军采石渡江，一路势如破竹，攻破潼关天险，长安沦陷。崔致远西行无望，只好另觅良机。经友人顾芸推荐和书信自荐，崔致远入幕扬州高骈门下。大唐虽已风雨飘摇，扬州却繁盛依旧。商贸活跃，生活富足，丝竹悦耳，才士云集。崔致远由此开始了一段人生最为辉煌的时期。

道教传入新罗国

公元884年，即新罗中和四年，崔致远之弟崔栖远，由新罗涉海来唐，奉家信迎崔致远回国。少小离乡的崔致远，16年后方返故土，当年的懵懂少年，已是而立之年。对大唐的依恋难舍与对故国的拳拳责任，撕扯着这位游子的心。"万里始成归去计，一心先算却来程"。苍茫大海，从此再也隔不断崔致远对第二故乡的绵绵思念。

崔致远以显赫官衔与声望，荣归故里，自然风光无限。然而，这风光也许更多的属于崔氏家族。历经人生起落的崔致远或许早已淡然，他思考得更多的是，如何用在唐学到的满腹经纶、治政良策，来报效新罗王朝，振兴自己的民族。

崔致远以大唐三品官衔荣归，是新罗历届留学生中成就最高的一位，凭此受到了当时君主宪康王的重用，任命为侍读兼翰林学士守兵部侍郎知瑞书监事。公元893年，崔致远奉真圣女王之命，以贺正使身份再度入唐，致力于两国文化交流，回国后，向女王进时务策十余条。虽未得到最终施行，却凝结了崔致远对国事探索的心血。

公元886年，即定康王金晃元年，唐光启二年，七月，因受到保守派的猜疑和排挤，崔致远外任为新罗太山郡（泰仁县）太守和天岭郡（咸阳）太守。公元893年，即真圣女王金曼七年，唐昭宗景福二年，又转任富城郡（瑞山县）太守，本年，女主曾召崔致远任贺正使赴唐，但因盗贼梗道而未能成行。这一时期，新罗王室混乱，各地盗贼蜂起，社会极为动荡，崔致远向女主进献《时务策》十余条，呼吁选贤任能，补偏救弊，女主采纳了这些建议，拜其为阿飡。但崔致远一生经历了唐末黄巢之乱和新罗本国的动乱，"动辄得咎，自伤不遇"，已厌倦仕途，无心从政，遂"逍遥自放于山林之下，江海之滨，营台榭，植松竹，枕藉书史，啸咏风月"，遍游庆州南山、刚州冰山、陕川清凉寺、智异山双溪寺、合浦月影台等地，公元894年，即真圣女王八年，崔致远三十八岁（一说四十二岁）时携家眷归隐于陕川郡冶炉县北30里处的伽倻山海印寺，"与母兄浮图玄（贤）俊及定玄师结为道友，栖迟偃仰，以终老焉"（《三国史记》卷四六本传）。

晚年的崔致远在仕途屡次失意后，不得不选择了隐逸生活。从最初的

被动，到最后的主动，崔致远完成了从政治上的积极进取，到自我人格沉淀的转变，他终于从烦嚣中解脱，而重归心灵的宁静。公元899年，不惑之年的崔致远辞官归隐，从此摆脱政务，尘嚣尽洗。"狂奔叠石吼重峦，人语难分咫尺间。常恐是非声到耳，故教流水尽笼山"。归隐后，崔致远徜徉山水，游历江海，结交高僧，谈佛论道，吟诗作赋，悠哉游哉，不亦乐乎。他以伽耶山海印寺为主要修身之地，足迹遍布各郡山川湖海。他精通儒学、道学、佛学，择其所需，三教调和，并以此写了大量著作，阐述生发，对后世影响极大。

后来的《东史篆要》一书详细记载了崔致远的云游："平生足迹所及之处，至今樵人牧竖皆指之曰，崔公所游之地，至于闾阎细人，乡曲愚妇，皆知诵公之姓名，慕公之文章。"正所谓，王朝短暂，而文化永恒。崔致远也从此成为对韩国产生重大影响的文人，为后来的隐逸之士所追慕和推崇。

道教传入新罗国

新罗道派大发展

道教自中国传入新罗朝鲜以后,一直受到历代国王的信奉与尊崇。此后的一千多年,在新罗国内发展成为规模巨大、人数众多、影响深远的国家宗教,并与朝鲜历史上固有的神仙崇拜信仰与民间传统相结合,成为独具特色的朝鲜民族的道教。

道教在韩国大致可分为修炼道教、科仪道教和道教民间信仰三大流派,对韩国社会产生了深刻的影响。

韩国的修炼道教,是以研习道教内丹学为特色的道家学派,所以又称

◎ 韩国信众朝拜祖庭

为丹道、丹学。崔致远是韩国内丹学最有影响的代表人物，他在大唐时期即开始随金可记修炼"返反之学"（即道教内丹学的修炼功法）。后来又回国传授给弟子，成为韩国道教内丹学的鼻祖。其最重要的著作是《参同契十六条口诀》。在他之后的南宫斗、金时习、田禹治、尹君平、郑磏、郑碏等人，对道教内丹学都有较深的造诣。韩国道教内丹学派的重要著作，除崔致远的《参同契十六条口诀》外，还有郑磏的《丹家要诀》、权克中的《参同契注解》、李之菡的《服气问答》、郭再佑的《服气调息真诀》等。

据《海东传道录》载，从新罗至朝鲜王朝仁祖（1623—1649）的八百年间，韩国道教内丹学代有传人。《三国遗事》载金庾信背有七星纹样，系受七暇精气而成。十七岁时，曾单身入中岳石窟，斋戒，告天，祈祷上天赋予统一三国的力量。于是有一神异老人显现，传其秘法，后金庾信数得神人护佑，终于成就统一三国大志。金庾信嫡孙金岩也好方术，曾赴唐学习阴阳家法，因其聪明敏捷，其师传以遁甲立成之法。

除了道教内丹学派之外，当时朝鲜半岛还盛行尸解派的道教修炼方式。所谓"尸解"，就是采用物理的方法使得人的灵魂和肉体相分离，让灵魂能够长生不老。这种尸解的物理方式大致有五种，即"金、木、水、火、土"五解。新罗僧玄俊入唐，学"尸解法"，是将"尸解法"传到朝鲜半岛的第一人，著有《步舍游行之术》。传说崔致远在留学唐朝期间，也曾经学过"尸解法"，归国后又跟着他的舅舅玄俊学道，终于学成"尸解法"并著有《伽倻步引法》。

道教中，秘典属师徒私下传授，一般非特许不能示以外人，故而能留存下来，在韩国也是这样。如今在韩国既有明《正统道藏》、《万历续道藏》所未收的版本，也有清代秘密宗门的善书、宝卷及章回、小说之类存书。据台湾丁煌教授所写《南韩公藏道教文献窥略兼论其价值》一文称：经韩国同行协助求得部分原件书目达63种，如《孤云诀》、《金口妙诀》、《关圣帝君圣迹图志全集五卷》、《吕帝君尊生治心妙经》、《文昌帝君醒世经》、《绘图白莲教演义四卷》等。丁教授说："道教及民间秘密宗教书籍之作者与初出行世年代多有不可考者，以至于教史上常有大片空白处，谜团难解，而其书又散落各地，此类之书，韩国拥有不少，倘能善加利用，应该可以解决一些问题。"

韩国道教从7世纪后受到中国道教的影响，逐渐变得组织化、理论化，同时学术方面也有很大的发展，道教体系也被更清楚地分类，道教对社会的影响也越来越大。高丽时期的"福源宫"、朝鲜时期的"昭格署"都是国立道教机构的代表。中国道教的房中术，也成为当时高丽和朝鲜知识分子关注的一种学习内容。

新罗地处半岛东南，据学者研究，在公元534—576年，即真兴王时期，新罗封建贵族青年因为追求"天性风味，多尚神仙"而确立了花郎道，并成为规范花郎徒的伦理道德观念，且融合了儒释道三教的思想。后来的大学者崔致远称花郎道是"玄妙之道"，他说："国有玄妙之道，曰风流，设教之源，备详《仙史》，实乃包含三教，接化群生。且如入则孝于家，出则忠于国，鲁司寇之旨也。处无为之事，行不言之教，周柱史之宗也。诸恶莫作，诸善奉行，竺干太子之化也。"

19世纪60年代，崔济愚在道教的基础上综合佛教和朝鲜民族信仰，创立了"天道教"（原名"东学道"）。天道教追求"长生不老"、"消灾祈福"和社会的"德治"，曾被朝鲜农民广泛信奉并与农民运动结合。1864年，"天道教"被朝鲜政府视为异端邪教而加以镇压，但其影响却一直未衰，现韩国有"天道教"教徒约82万人。

1392年，即明洪武二十五年，李成桂（1335—1408）推翻王氏高丽建立了李氏朝鲜，传位26代，历时五百余年，1897年改国号大韩。

李朝五百年间，从总的情况看，采取崇儒斥佛道政策，是一个"儒家王朝"，一开国便压制道教。李太祖除留昭格殿掌三清醮外，其余醮祭道观一律革去。公元1413年，即太宗十三年，焚烧阴阳谶书。公元1466年，即世宗十二年，昭格殿改为昭格署（仿效中国道家的殿署）。公元1514年，即中宗九年，严禁重建各道寺刹。公元1518年，即中宗十三年，废除昭格署，四年后重设。公元1599年，即宣宗三十二年，在汉城建关王庙两所，地方上建了四所。第二年令禁举子用老庄语。英祖二十年禁止祭巫觋和淫祀。公元1785年，即正祖九年，废道学科。不过李朝时代非常流行三尸信仰和守庚申之类的活动。

道教毕竟在朝鲜传播千余年，无论在民间还是在上层社会均有相当大的影响。李氏朝末期，有个叫崔济愚（1824—1864）的，在庆州倡导东学教，将儒释道融为一体。他这样讲解东学教的教义：立五论五常，居仁行义，正心诚意，修己及人，取儒教；以慈悲平等为主旨，舍身救世，洁净道场，口诵神咒，手执念珠，取佛教；悟玄机，蠲名利，无欲清净以持身，炼磨心神，终末升天，取道教。

崔济愚的东学教被高宗视为异端邪教，他本人在大邱被处枭首刑。公元1905年，即光武九年，第三任教祖孙秉熙（1861—1922）改东学为天道教，他说"天道"就是天神之道、无极大道，也讲解过天道的教义："吾道原本既非儒，亦非仙。然吾道乃融合儒、佛、仙为一体。即天道自非儒、佛、仙，而儒、佛、仙乃天道之一部分。儒之伦理、佛之觉性、仙之养气，乃人性之自然品赋，天道之固有部分，吾道乃吾其无极大源也。"

天道教的经典《东经大典·布德文》称："我有灵符，其名为仙药，其形为太极，又其形为弓弓。受我此符，济人之病；受我咒文，如若教人，汝亦会长生且布德。"

◎ 思亲殿·救苦天尊

道教传入新罗国

韩国国旗亦称太极旗，是1882年8月由派往日本的使臣朴泳孝和金玉均在船上第一次绘制的。他们受到中国的太极图和《易经》的启示，绘制类似中国的八卦图的四卦太极旗，1883年被高宗皇帝正式采纳为李氏朝鲜王朝的国旗。1949年3月25日，韩国文教部审议委员会在确定它为大韩民国国旗时，对它作了明确解释。他说：太极旗的横竖比例为3比2，白底代表土地，中间为太极两仪，四角有黑色四卦。太极的圆代表人民，圆内上下弯鱼形两仪，上红下蓝，分别代表阳和阴，象征宇宙。四卦中的乾即三条阳爻，代表天、春、东、仁；坤即六条阴爻，代表地、夏、西、义；坎即四条阴爻夹一条阳爻，代表日、秋、南、礼；离即两条阳爻夹两条阴爻，代表月、冬、北、智。它的整体意味着一切都在一个无限的范围内永恒运动、均衡和协调，象征东方思想、哲理和神秘。"从这件事情也可以看出道教文化在韩国的巨大影响，以及韩国人对道教的重视程度。

云深不知向何处

韩国道教祖师金可记前文已经提及,作为韩国人民心目中的神人,他有着十分神奇的故事。他曾经修炼过的玄都坛同样有着神奇的仙迹,历代修行者以及历代好道文人曾无数次地向往之。

唐代是我国中外文化与贸易交流最为繁盛的历史时期,当时的日本、琉球、新罗等国常有留学生前来大唐帝都长安留学。这些外国来长安的留学者,他们留学时大多数已经成年,或已届中年。当时亚洲各国派往唐朝的留学生人数众多,而且其中不少人在学习一段时间之后,对唐文化有了一定的造诣,为了表示对他们留学资格的确认并优奖学业突出的留学生,唐朝将科举制度套用在了留学生身上,专门为留学生设立"宾贡科"。在科举考试时,留学生与唐朝举子一起应试,但是"每自别试,附名榜尾",与正规的考试相区别。由于新罗深受唐朝文化濡染,而且留学人数众多,所以在当时能够宾贡登第者,绝大多数都是新罗国留学生。据有关资料分析,新罗常年居住在唐朝的留学生可达一二百人之多。大体而言,新罗留学生留学期限一般为十年。

终南圣境金仙观

羽化仙人金可记

在唐文宗朝开成年间，从新罗来华的留学者崔承佑、金可记、僧慈惠等就是当时新罗留学生中的佼佼者，他们不仅在大唐王朝取得了优异的成绩，更是新罗古代文化的传播者和继承者，是新罗历史上鼎鼎有名的学者。其中金可记更以其在道家修养以及道教传承上的承前启后作用，成为中韩道教文化传承与交流上的一代宗师，被尊为韩国道教的开山祖师。

金可记于公元836—840年，即唐文宗开成年间，从新罗渡海前来长安求学，到达长安时的年龄或在二三十岁之间。金可记长相俊美，容貌端正，可算是美男子，其人举动言谈，与唐朝士人毫无区别，颇有中华男儿

◎ 贾慧法道长与韩国朋友交流

◎ 迎接韩国客人

之风范。

  金可记在长安求学期间，已开始对道家修炼与养生产生了浓厚的兴趣。他之所以会喜欢并接触道教功法，一方面与他的性格有关，他安静友善，衣着朴素而节俭，崇尚自然自由的生活。再者，可能受当时社会风气的影响。金可记是当时留学大唐的新罗人中天资颇高的留学生之一，他不仅博闻强记，学业有成，而且行文清丽典雅，为朋辈所推赏。爱好诗文写作，自然对于唐朝著名诗人李白、杜甫、王维等人的作品推崇备至而有所向往，因此可能受到当时社会崇尚道家修行生活的影响，他开始接触并广泛交往了不少长安城内外的道士，向他们学习道法，渐通道家的炼精化气之法，并由兴趣转而开始深入修行阶段。

  可能因为当时还是留学生的原因，他虽然已经开始私下里与道士交往密切并学习道家养生之术，却还不具备真正隐于山中完全修行的条件。公元847年，即唐宣宗大中初年，金可记在科举中取得进士名衔，成为"宾贡进士"。此阶段，唐宣宗也开始信奉道家修仙养生之术，道教重新取得发

展的机会。而金可记也成为新罗进士,从各方面来看,其修行之路更为方便了。因此他虽取得进士名衔,却并没有接受唐朝赐官的恩赏,而是在做好一切准备之后进入子午峪,专心致力于隐居修道了。金可记作为新罗留学生能够自主进山修道,一方面是他已获得进士名衔,为新罗留学生争得了荣耀,有更大的自主性来实施个人意愿;再者,唐朝上下都在提倡和发展道教文化,因此他以新晋进士身份修道自然能得到理解和支持。

或许金可记在来长安之前就已对修道修仙之术有所向往,因此他在到了大唐以后就开始和他的朋友一起到处寻访、拜谒高人和名师,后来金可记拜在钟离权门下修道。钟离权是八仙之一,也是点化吕洞宾成仙的老师,在八仙中地位仅次于铁拐李。据《海东传道录》记载,钟离权传授给崔承佑、金可记、僧慈惠等三人的道法是"青华秘文,灵宝毕法,人头五岳诀,金诰,内观玉文宝录,天遁炼魔法,参同契,黄庭经,龙虎经,清净心印经"。这些道法都是很高层次的修道法门,其中《灵宝毕法》更是钟离权长期研究修炼所创造的全真道修炼法的代表作。《灵宝毕法》也是通过金可

◎ 金仙观大殿

记、崔致远传到韩国的,后来成为韩国仙道修炼法中的一部分。

长安自古就是富庶之地,而终南山被誉为道教七十二福地之首,不仅因为终南山地理位置之重要,更因为终南山之土壤极适宜于各种花果草树的生长。金可记在进入子午峪之前,谷中应该也有花果树木,但可能以野生为主。而金可记在进山修道以后,除了平日里参悟老子的《道德经》,修炼钟离权所授《灵宝毕法》等道术之外,常用闲暇时间在居处附近种植大量果树花木。金可记一生中在子午峪修行时间当在十余年左右,至他晚年升仙之前,子午峪中已遍布各种关中果树花木,更有一些迥异于本地的奇珍异果。因为金可记的种植之功,每年到秋季,子午峪中到处瓜果飘香,所以子午峪又被当地人称为"果峪",从这方面看来,金可记不但是修道修行之人,更是一位热爱自然生活,喜欢花果树木的有为之人。子午峪内至今还种植有大量的桃、杏、葡萄、樱桃、柿、核桃等果树,其他花木更是多不可计。

金可记在子午峪中隐居以后,非常安静地潜心于修道之法,平日里除了修行与种植花木果树之外,偶尔也会和当时的一些文人雅士互相往来,诗酒酬唱。在他修道三年之后,有一天忽然想回国了,根据他回国后不久即重来大唐继续修仙之术来看,他这次决定回国可能有两个方面的考虑。其一,还有些许尘缘未了,要回去了断尘世俗念,以断尘缘;其二,金可记在新罗即受道家的影响,但在新罗很难接触高深的道术和名师,所以来大唐专心修行,回去也是为了传授其在大唐所学到的修炼道法,为新罗开创和传播更加正宗的道法,而事实上,他正是新罗道教史中极为重要的传播者与光大者之一。

金可记打算回国的时候,他的好友章孝标写了一首诗送给他。唐代诗人章孝标(791—873)与金可记为同时代人,两人也是文学上的知己。其诗作《送金可记归新罗》详细记录了两人的友谊以及他对金可记回国之时的个人感情。诗云:

登唐科第语唐音,望日初生忆故林。

鲛室夜眠阴火冷，蜃楼朝泊晓霞深。
风高一夜飞鱼背，潮净三山出海心。
想把文章合夷乐，蟠桃花里醉人参。

　　这首诗也从另一方面验证了金可记在留学大唐、荣登进士榜之后的个人生活情趣与追求，为中外文化交流史留下了一段特殊的文坛佳话。

　　金可记渡海回新罗后，时间不长，又再次来到大唐。这次他直接重入长安子午峪金仙观修道养志。更值得一记的是，他这次进入子午峪以后就一直隐居并修行下去，直到羽化，成为道家有文字记载的第一位在子午峪中修得仙术，修成正果的仙人。

◎ 吕洞宾真人神像

　　据子午峪中流传下来的摩崖石刻记载可知，金可记再次入谷修炼以后，不仅在修养方面更加用功，长进迅速，在个人修行上也更为广结善缘，乐善好施，成为一位很有影响的修行人，深受当地人民的敬仰和尊崇。

　　公元857年，即唐宣宗大中十一年十二月，金可记在子午峪的修行处给当时的皇帝唐宣宗写了一封奏章，向宣宗上表陈言道："臣奉玉皇诏，为英文台侍郎，将于明年二月二十五日成仙升天。"看到这样的表文以后，非常尊崇道家修仙之术的宣宗皇帝十分重视，于是遣使邀请金可记入皇宫面见，而金可记并没有答应宣宗的邀请。宣宗因金可记言受有玉皇之诏，遂以求见玉皇诏书一阅，金可记亦借词托开。宣宗无计可施，遂赐赠宫女四人、香药金彩等作为祝贺，又遣中使二人专为服侍之计，此亦别有深意在焉。虽然皇帝派人专事服侍金可记修道之用，而金可记仍旧每日独居静室清修，令宫女、中使不得接近。每夜仅闻室内常有谈笑声，中使窃窥，但见房内有仙官、仙女各乘龙凤之上，俨然相对，更有侍卫一班；宫女、中使更不敢惊动。

　　数月之后的公元858年，即大中十二年二月二十五日，正值子午峪春景妍媚，花卉烂漫之日。在金可记修道之处，果有祥云五朵，仙鹤数只，祥鸾及白鹄翩翩降临。一时间子午峪内笙箫与金石之声处处可闻，镶嵌着华丽羽毛和白玉罩着的车子令人眼花缭乱，成千上万的巨大幡幢垂满天空，无数的仙人在仪仗的簇拥下纷纷到来祝贺。金可记就是在如此盛况空前的场景之下"成仙升天"而去。因为金可记在之前早已告知唐宣宗他会在这一天升天，所以同时见证这一神奇现象的人不可计数。这些目睹金可记升天的人中，不仅有朝臣士子，更有无数想看热闹的老百姓和仰慕修行的虔诚之人，而见证了这一事件的人看到金可记升天以后，更是无不顶礼膜拜，惊叹不已。

　　这也是金可记之所以被称为金仙人的重要原因，后人所撰写的《续仙传》对此事有记载。时至金可记升天一千一百多年后的2004年，为纪念金可记传道韩国的功绩，成立于韩国的世界金仙学会与陕西省道教协会共同在陕西省终南山子午峪中玄都坛遗址上修建了金仙观，使之成为中韩文化交流的一个历史见证，亦是韩国道教寻祖的一个新的开端。

终南圣境金仙观

群仙云集玄都坛

玄都坛是汉武帝时期所建，至隋炀帝在此建成道观以后，玄都坛遂成为历代道教祭祀天神的重要场所。入唐以后，由于李唐王朝对道教的重视，玄都坛自然成为唐王朝的道教重地。玄都坛及其周围，也就成为历来有心修道者隐居的首选位置之一，后来在终南山修道的隐士们也在玄都坛附近修建了许多道观，分布在坛顶及周围，至今还有很多遗留的踪迹可寻。

◎ 太岁殿

历代隐居于玄都坛下的隐士以及修道成仙者不计其数，虽然很多隐者逸士不为后人所知，成为历史上真正的隐者，成为永久的谜，可是也有很多诗人记录了交往过的隐士及其事迹。

杜甫笔下的元逸人、李白笔下的元丹丘，他既是李、杜的至交好友，也是道行高深的道教高人。杜甫在《玄都坛歌寄元逸人》诗里写道："……故人今居子午谷，独在阴崖结茅屋……铁锁高垂不可攀，致身福地何萧爽。"从这首诗中，不难看出杜甫对元逸人隐居玄都坛下修行状态的羡慕之情。而在李白的笔下，就更加将元丹丘当作仙人看待了。有一首《题嵩山逸人元丹丘山居》云："家本紫云山，道风未沦落。沉怀丹丘志，冲赏归寂寞……自矜林湍好，不羡朝市乐。偶与真意并，顿觉世情薄。尔能折芳桂，吾亦采兰若。拙妻好乘鸾，娇女爱飞鹤。提携访神仙，从此炼金药。"李白初识元丹丘在二十余岁，此后数十年间，多次与元丹丘聚首论道，隐居山林，可谓志同道合。他更为元丹丘写下了二十余首传世诗歌，足见两人情谊之深厚，道心之契合。从杜甫诗可以看出，元丹丘曾长期在玄都坛下隐居。而他既是李白、杜甫两位大诗人的至交好友，在同时代当有更多文人骚客、雅人逸士与其交流论道，惜呼，其人事迹已为历史所淹没，此故是一悲，然而，李杜诗篇足令其名传千古，是又一喜者矣。

章孝标所写的《送金可记归新罗》赠予金可记的时候，当是在其隐居子午峪三年后，将要返回新罗之前的送别之作。诗文前文已有记述。从这首诗可以看出，章孝标也是一位能够与金可记谈诗论道的至交好友。章孝标生于公元791年，卒于公元873年，他与父亲章八元、子章碣俱为唐代诗人。李绅镇守扬州时，于官府宴集上，曾以"春雪"命题赋诗。章孝标下笔立就，诗曰：

六出飞花处处飘，粘窗著砌上寒条，
朱门到晚难盈尺，尽是三军喜气销。

满座皆惊服。章孝标于公元819年，即元和十四年，中进士，而金可记则在公元847年，即唐宣宗大中初年，成为"宾贡进士"。从中进士的时间上来看，他比金可记早了将近三十年，而他们能成为朋友，并有诗作流传，足见两人关系之深。

中唐著名诗人、词人王建擅长《宫词》，他的《宫词》百首，突破前人抒写宫怨的窠臼，广泛地描绘了宫禁中的宫阙楼台、早朝仪式、节日风光以及君王的行乐游猎，犹如一幅幅风俗图画，是研究唐代宫廷生活的重要

◎ 金仙观及玄都坛出土文物

资料。有一首《宫词》写到了金仙观，词云："私缝黄帔舍钗梳，欲得金仙观里居。近被君王知识字，收来案上检文书。"这里写的是宫中女子舍弃凡人喜爱的金钗玉梳，因为向往道家生活而一心缝制黄帔，表露出向道的心思。或许是因为她识字的缘故，被君王看重而安排她从事辅助检看文书的工作。古代帝王，多有慕道以求长生之志，所以对于向道之人亦是有所敬重与关心的，这位宫女因为缝制黄帔而受到君王的关照，也是她的有心修道之福了。

公元1124年，即宋代宣和六年，进士王洋曾经为官，被贬之后隐居信州。在其住所种满荷花，故自号王南池。他曾写过一首长诗《再和》寄友人，诗云：

> 故人客玄都，结茅临子午。慈亲哺童稚，十口共甘苦。
> 门横百琅玕，永日不受暑。浮名博烟霞，掉臂终不许。
> 听我读新诗，小侯趋大府。挥毫散珠玉，风帆转惊渚。
> 北郭郑仙翁，襟怀两虚伫。尹氏才振古，仙翁笔端语。
> 矛戈角森横，畚插起云雨。应笑穷巷生，蓬蒿半垣堵。
> 所喜乐丰登，粒米不须数。况从名士游，真可释羁旅。
> 愿君分余光，下照及邻女。切勿必好音，文典实不与。

这首诗详细记录了朋友在子午峪中的隐居生活，虽然这种生活有些艰苦，可是所交往的都是仙翁隐士，如此境况，自然也说明了子午峪在唐以后的隐士状况。宋代著名诗人陆游作《小筑》有句云："小筑湖边避俗嚣，几年于此寓箪瓢。虽非隐士子午峪，宁媿诗人丁卯桥？罗雀门庭无俗驾，缘云磴路有归樵。诗情酒兴常相属，堪笑傍人说寂寥。"也可见陆游对子午峪中隐士的欣慕之情。

至于元代，则有文学家郯韶所作《郑蒙泉炼师子午谷图》一诗，颇负盛名，其诗云：

> 子真今住子午谷，乃在蛟门西复西。
> 绕屋长松落晴雪，倚天绝壁立丹梯。
> 春回大壑三芝秀，月满空山一鹤栖。
> 归去看图望瀛海，定应沐发候天鸡。

此诗又写出了元代隐居于子午峪的隐士生活。郯韶本人就是一个生性淡然、不事奔波之人。他与元代著名画家、诗人倪瓒是好朋友，流传下来的作品有《云台集》，收入《元诗选》中。

金仙观为全真道观，元代著名道教真人邱处机《风栖梧·寄东方学道者》诗云：

◎ 贾慧法和濮存昕

  天下风光何处好。
  八水三川，自古长安道。
  锦树屏山方曲绕。
  天涯海角谁能到。
  既是抛家须早早。
  云水登程，莫恋闲花草。直至潼关西岳庙。

又有《黄鹤洞中仙·自述》诗云：

  故里在天涯，海上无名士。
  因遇终南陆地仙，挈我来游此。
  素爱断蓬飞，野鹤孤云志。
  顶笠披蓑人不知，便是风狂子。

洞天福地神仙处

金仙观周围的人物、环境及传说同样让人神往。道教文化的主要载体——道教建筑的文化内涵以及相关文化符号所构筑的道教思想，在金仙观中蕴含着特别的内涵。

终南圣境金仙观

海外仙山神仙居

在上古的神话世界中，神仙们都居住在十洲三岛上，那是个独立的世界，与我们似乎近在咫尺却又远隔亿万里之遥，道教著名的典籍《云笈七签》中对这些神仙居住的世界有着详细的描写：

祖洲近在东海之中，地方五百里，去西岸七万里。上有不死之草，草形如菰苗，长三四尺。人死者以草覆之，皆当时活也。服之令人长生。昔秦始皇苑中多枉死者，横道有鸟如乌状，衔此草覆死人面，当起坐而自活也。有司闻奏，始皇遣使者赍草以问北郭鬼谷先生。鬼谷先生云：臣尝闻东海祖洲上有不死之草，生琼田内，或名为养神芝，其叶似菰苗，丛生，一株可活一人。始皇于是慨然言曰：可采得之不？乃使使者徐福，发童男童女各三百人，率载楼船等入海寻祖洲，遂不返。福，道士也，字君房，后亦

◎ 生肖太岁殿

得道。

瀛洲在东海中,地方四千里,大抵对会稽,离西岸七十万里。上生神芝仙草,又有玉石。出醴泉,饮之数升辄醉,令人长生。洲上多仙家,风俗似吴人,山川如中国。

玄洲在北海之中戌亥之地,地方一千二百里,离南岸三十六万里。多丘山,饶生金芝玉草。

炎洲在南海中,地方两千里,离北岸九万里。上有风生兽似豹,取其脑和菊花服之,尽十斤,得寿五百年。又有火林山,山中有火光兽大如鼠,取其毛以绩为布,号为"火浣布"。亦多仙家。

长洲一名青丘,在南海辰巳之地,地方五千里,离岸二十五万里。多山川、大树、仙草灵药、甘液玉英,靡所不有。有紫府宫,天真仙女游于此地。

元洲在北海之中,地方三千里,离南岸十万里。上有五芝、玄涧,水如蜜浆,饮之长生,与天地相毕;服五芝亦得长生不死。

流洲在西海中,地方三千里,离东岸十九万里。上多山川,积石为昆吾,作剑光明洞照,如水精状,割玉如泥。亦多仙家。

　　生洲在东海丑寅之间，接蓬莱十七万里，地方二千五百里，离西岸二十三万里。天气无寒暑，芝草常生地。上有仙家数万。

　　凤麟洲在西海之中，地方一千五百里。洲四面有弱水环绕，鸿毛不浮，不可超越。洲上多凤麟，数万各自为群。又有山川池泽，神药多种。亦多仙家。

　　聚窟洲在西海中未申地，地方三千里，北接昆仑二十六万里，离东岸二十四万里。上多真仙灵官，宫第比门，不可胜数。又有各种奇兽。大山形似人鸟之像，故命名为"人鸟山"。山多反魂树，能自作声，如群牛吼，闻之心震神骇；伐其根心煮汁为丸，名为"惊精香"或"震灵丸"、"返生香"、"震檀香"、"人鸟精"、"却死香"。

　　昆仑岛在西海戌地，北海之亥地。方圆一万里，距岸则远达十三万里，又有弱水绕岛流转。岛上正东方有一昆仑宫，为西王母所治，真宫仙灵之所宗。昆仑是天地之根纽，万度之维负。岛上还住着仙官四万。昆仑岛显然是由昆仑山演化而来的。

　　方丈岛在东海中心，西南东北岸正等，四周各五千里。上面有金玉琉璃之宫，是三天司命所治之处。各路神仙想要升天成为天仙，都要先来这岛受太上玄生录。上面住着仙家数十万家，芝草仙药成片地生长如人间种稻麦。

　　蓬丘岛也就是蓬莱山，与东海的东北岸遥遥相望，周围五千里，北到钟山北阿门外，乃天帝总领九天之维。岛的四周有四座城池。其中间则为一座高山，形状类似于昆仑山。从前大禹治理洪水大功告成后，就到此山的北阿祭祀上帝，归大功于九天。

　　在这些众多洞天仙岛之外是上帝居住的九天，华夏大地上最早的宫殿，轩辕黄帝的居所就是根据天界的建筑所造，中国古代的帝王从来都认为自己是上天之子，所以居所自然要合乎天地自然法度营造，道教的建筑大部分称为宫或者观，最小的清修据说称为庵。

　　道教最早的道观相传是陕西终南山的楼观。《楼观本起传》称："楼观者，昔周康王大夫关令尹（喜）之故宅也。以结草为楼，观星望气，因以名楼观，此宫观所自始也。"楼观成为沟通天人的场所正是道教建筑又一来

源的反映。

《史记·封禅书》也有大量记载,如"《周官》曰,冬日至,祀天于南郊,迎长日之至;夏日至,祭地祇。皆用乐舞,而神乃可得而礼也"。"周公既相成王,郊祭后稷以配天,宗祀文王于明堂以配上帝。自禹兴而修社祀……郊社所从来尚矣"。至汉武帝时"作建章宫,度为千门万户……其北治大池,渐台高二十余丈,命曰太液池,中有蓬莱、方丈、瀛洲、壶梁,象海中神山龟鱼之属"。汉朝时公孙卿还对武帝说"今陛下可为观,如缑城,置脯枣,神人宜可致也。且仙人好楼居";于是武帝下令在长安"作蜚廉桂观,甘泉则作益延寿观……将招来仙神人之属"。由此可见,宫、观之名在道教产生以前就有了。

"宫,室也,从'宀'从'至',至所止也。"宫室原指普通的房屋,秦汉以后,随着中央集权制的加强,宫和殿才成了帝王居处的专名。《汉书·黄霸传》颜师古注:"古者室之高严,通呼为殿,不必宫中也。"由于封建帝王要突出"君权天(神)授"的至高无上性,就将祭祀神灵的祠宇升格为"宫"、为"殿",原意在以示区别,后来凡天下寺庙的一些重要建筑也就同此称呼了。

至于"观",据《尔雅·释宫》称:"观谓之阙。"郭璞注:"宫门双阙。"邢昺疏:"雉门之旁名观,又名阙。"是宗庙或宫廷大门外两旁的高建筑物,乃取其高峻,可登临观望之义。道教的宫观庵庙等建筑是供奉、祭祀神灵的殿堂,又是道教徒长期修炼、生活和进行斋醮祈禳等仪式的场所。它既是社会经济和文化的综合反映,又是宗教哲学思想和信仰的体现。其建筑的门类很多,有宫、观、殿、堂、府、庙、楼、馆、舍、轩、斋、廊、阁、阙、门、坛、台、亭、塔、榭、坊、桥等,这些建筑按其性质和用途,可分为供奉祭祀的殿堂、斋醮祈禳的坛台、修炼诵经的静室、生活居住的房舍和供人游览憩息的园林。

东汉末年,道教初创,山居修道者,大都沿袭道家以"自然为本"的思想,结舍深山,茅屋土阶,甚至栖宿洞穴,反映了他们顺乎自然、回归自然的旨趣。汉张道陵在巴蜀汉中创正一盟威之道时,设二十四治所,建

筑规模也是不大而简陋的。《要修科仪戒律钞》卷十引《太真科》称："立天师治，地方八十一步，法九九之数，唯升阳之气。治正中央名崇虚堂，一区七架六间十二丈，开起堂屋，上当中央二间上作一层崇玄台。当台中安大香炉，高五尺，恒火焚香。开东西南三户，户边安窗。两头马道。厦南户下飞格上朝礼……"

正一盟威之道的治所，有的也称静室，是供道师修炼或为人治病、闭门思过之用的，取其安静之义。与静室相类似的是江淮一带道士的精舍。

魏晋南北朝时，北方寇谦之、南方陆修静分别整顿改革道教，创立了新的南、北天师道，以适应儒家的礼法制度，受到了统治阶级的欢迎，很多崇道皇帝在京邑为道士大兴道观。

如北魏太武帝为寇谦之建五层重坛道场，南朝宋建崇虚观，齐梁建兴世馆、朱阳馆，北周改馆为观等。当时道教建筑已达到相当的规模，并趋于定型。

唐、宋两代是道教的鼎盛期，恰好这一时期以高台基、大屋顶、装饰与结构功能高度统一为主要特色的中国木结构建筑，经过两汉和魏晋南北朝的发展，不论从建筑形制到组群布局还是工艺水平等方面，都达到了相当成熟的阶段。帝王宫殿陵寝以至王公官吏和庶人的住宅，门厅的大小、间数、架数以及装饰、色彩等都有严格的规定，这就为道教建筑的大规模发展奠定了基础，据《唐六典·祠部》记载，当时天下宫观总一千六百八十七所。道教建筑统称为宫观，就是从这一时期开始的。

《旧唐书·高宗本纪》载，公元666年，即唐乾封元年，尊老子为"太上玄元皇帝"，下诏各州设一观一寺；《玄宗本纪》载，公元741年，即开元二十九年，在东、西两京和各州置玄元皇帝庙；公元743年，即天宝二年，将西京、东京及各州玄元庙分别改为太清宫、太微宫和紫微宫，并在太清宫立玄宗像，侍立于老子塑像之右。

唐朝命各州建佛寺，同时也建道观一所。唐长安城内有大道观十余所，其中著名的有玄宗之女金仙、玉真两公主出家为女冠的两道观；还有位于城市中心大道旁，占地达一坊的玄都观。宋朝更重道教，宋真宗时，

各主要祠庙都是道观,其中玉清昭应宫为天下最大最华丽的道观,有建筑2620间。

唐、宋两朝六百六十多年间,也是儒、佛、道三教建筑相互影响、彼此吸收的大圆融时期。儒家的宫、殿、堂、厅、门、阙等官方建筑固然已被佛道大量移入神堂佛殿建筑,即佛道的山门、藏经楼、牌坊等也和孔庙、书院等的同类建筑,在形制和布局组合上都有相似之处。元明以后,道教衰落,在建筑上也墨守成规,没有大的发展。十二世纪中叶,全真道在北方兴起,后来扩及南方。

全真道主张出家清修,因而它的宫观建筑也多仿照佛教禅院,并且建立起子孙庙和十方丛林两个系统。庙中师父即住持,收授弟子,称道童。十方丛林不招收弟子,只为各小庙推荐来的弟子传戒。教规和财产管理都有严格的制度。

◎ 金仙观大殿

　　道教宫观建筑的平面组合布局有两种形式。一种是按中轴线前后递进、左右均衡对称展开的传统建筑手法；另一种就是按五行八卦方位确定主要建筑位置，然后再围绕八卦方位放射展开具有神秘色彩的建筑手法。前一种均衡对称式建筑，以道教正一派祖庭上清宫和全真派祖庭白云观为代表。山门以内，正面设主殿，两旁设灵官、文昌殿，沿中轴线上，设规模大小不等的玉皇殿或三清殿、四御殿。

　　一般在西北角设会仙福地。有的宫观还充分利用地形地势的特点，造成前低后高、突出主殿威严的效果。膳堂和房舍等一类附属建筑则安排在轴线的两侧或后部。

　　第二种五行八卦式建筑，可以江西省三清山丹鼎派建筑为代表。三清山的道教建筑雷神庙、天一水池、龙虎殿、涵星池、王佑墓、詹碧云墓、演教殿、飞仙台八大建筑都围绕着中间丹井和丹炉，周边按八卦方位一一对应排列。而它的南北中轴线特别长，所有其他建筑都在这条中轴线的两端一一展开，构成一个严密的建筑体系。这是由道教内丹学派取人体小宇

◎ 藏经阁

宙对应于自然大宇宙，同步协调修炼"精气神"思想在建筑上的反映。

在风景名胜点建筑的道观，除了奉祀系统的建筑为服从宗教需要显得

◎ 任法融题天道千秋

比较刻板外，大都利用奇异的地形地貌，巧妙地构建楼、阁、亭、榭、塔、坊、游廊等建筑，造成以自然景观为主的园林系统，配置壁画、雕塑和碑文、诗词题刻等，供人观赏。

这些建筑充分体现了道家"人法地，地法天，天法道，道法自然"的思想，或以林掩其幽，或以山壮其势，或以水秀其姿，形成了自然山水与建筑自然结合的独特风格。

道教建筑的装饰，鲜明地反映了道教追求吉祥如意、延年益寿和羽化登仙的思想。如描绘日月星云、山水岩石以寓意光明普照、坚固永生；以扇、鱼、水仙、蝙蝠和鹿作为善、（富）裕、仙、福、禄的表象；用松柏、灵芝、龟、鹤、竹、狮、麒麟和龙凤等分别象征友情、长生、君子、辟邪和祥瑞。另外还直接以福、禄、寿、喜、吉、天、丰、乐等字变化其形体，用在窗棂、门扇、裙板及檐头蜀柱、斜撑、雀替、梁枋等建筑构件上，其对民间民俗传统文化的影响，十分深远。又如八宝图、福寿双全图，这些源自道教思想和神仙故事的图案都远远越出了道教的范围，深入到千家万

◎ 启功题太清仙境

◎ 吴三大题紫气东来

户的各类建筑构件和日常器具中。至于八仙和八仙庆寿的道教故事和图案更是家喻户晓。

道教乐生、贵生，而不是以生为苦。它追求的最高理想是今生的长生不老、得道成仙，而不是寄希望于来世的幸福或死后的灵魂升天。那么如何实现这一理想呢？其中之一就是修炼"内丹"，以人体为鼎炉，以精、气为药物，运用神进行烧炼，使精、气、神三宝合一，凝而不散，结丹成仙。这种修炼以老、庄学派"清静无为，息心去欲，恬淡自然，养气安神"等心理要求为指导。道教建筑的选址就非常倾向于人烟稀少的崇山峻岭，以利于在大自然中修身养道。注重意境、超脱凡尘的气氛始终是道教建筑的一大主题，也是其精髓所在。道教建筑讲究布局，在地形和山势的选择上有严格的规矩。一般来说，它要求宫、观背依山体，面向北斗，就实而避虚，这是取其"常有观其窍，常无观其妙"的经意。而建筑群的四邻，又要求具备较典型的一些地貌地物，能够去映现"四象"，即青龙、白虎、朱雀、玄武。在建筑之间的关系上，则要求烘托主体，附属建筑从不同角度、不同层次去簇拥主体建筑，犹如众星拱月，这体现了道教的哲学思想和宇宙观。

道教建筑还常用自然地貌的跌宕起伏、急转变化造成一种藏露结合、相得益彰的氛围。

道教建筑也像

◎ 李成砚题蓬莱胜迹

其他建筑一样，十分重视艺术效果。几乎所有建筑在山林中的道教修行场所都借山势的落差体现气势和灵动。有的特别注重藏而不露。"景愈藏境界愈大"。有的道场建筑在人不容易发现的地方，体现曲径通幽的意境，奇、幽、险是几乎所有山林道观的特色，特别是古代建筑的道观。

　　道教的建筑无处不体现着中华民族天人合一的世界观，将建筑与山林完美结合在一起变成山林的一部分从来都是中国人最擅长的。对自然最大可能的尊重。向自然学习和致敬，道教就是这样体现与自然的关系的。

终南仙山神仙窟

纵观世界各地区的民间建筑，绿化做得最好的地方必然是道观或寺院，这一点国际生态环保机构早有定论。

在中国历史上，那些气象万千的山林中，必然有与之相匹配的隐居者，有道的修行者周围的环境总能让人内心宁静祥和，因为一个有道德的修行者的气息会影响周围的大环境，而大环境就是小环境的外显。

山中的古寺或道观因为年代久远，一般会潮湿、阴暗，散发出灰尘的味道，但是金仙观是个例外。金仙观建筑的最大的特点就是明媚而清新，使人第一次走近它会感受到一种优雅和清新，没有沉积的灰暗色调和古老的沧桑感。

在终南山谷较深处，金仙观的存在显得飘逸而神秘，子午峪在接近金仙观的地方突然收紧，河谷两岸山岩陡峭，水流湍急，河水边的巨石上古时建造了一座龙王庙；河水的弯道处，山谷两岸的巨石像一道山门。在河流将形成瀑布的地方架了一座桥，过了桥，山门内河

◎ 清尘道人静修

水潺潺，水面涟漪荡漾，两条河的交汇处就是金仙观所处的位置。雨季时，山雾升腾，站在原龙王庙的位置看两山夹缝中的金仙观，你会以为是山体洞开豁然出现的洞天金阙，沿着金仙观山门下的河流上行，只见金仙观的山门洞开，沿着台阶而上，见到的是一处小小的院落，清尘道人在院子里栽了一些势如飞龙的植物。庭院的两边是云房。沿着台阶继续上行是金仙观的第二重院落，依次是第三重院落，在第三重院落的上面是古老的玄都坛。

玄都坛上最早的建筑大约建筑于汉武帝时代。玄都坛与河谷的垂直距离大约100米，坛的顶部是一个椭圆形的巨石，石质为粗糙的花岗岩，下半部是较为匀称的石条，每块石条大致长2—3米、宽50厘米、高80厘米，共有4层，通高1.3米。上半部高1米，为不规则的石块垒砌，每块长约25厘米，宽、厚各20厘米，质地与下半部明显不同。

坛的西侧曾经开有门，门的宽度大约2米，高3.3米，建有9级台阶，其中第一至第五步与下半部垒石同高。东北侧以前也有门，高宽与西门一致，石材质地似与上半部垒石相同。坛顶南北长9.75米，东西长9米。平均面积约66平方米。汉朝之后玄都坛因种种原因废弃了，之后再没有建造起来。唐朝时虽曾经很多人在那里隐修过，但是玄都坛仍一直处于废弃状态。也许是它不再在唐长安城的中轴线上的缘故。汉朝以后道教修炼的主流逐渐衍变为内丹修炼，对于外丹炼制以及与天沟通不再成为主流，而且祭祀天地的仪式主要集中在五岳中的东岳泰山。没有了当初汉武帝和周穆王在山野中漫游寻访神仙的热情，而宗庙的祭祀及与天沟通也已经不需要在山林中举行，于是大唐长安的南郊有了天坛来代替玄都坛的作用。

那时玄都坛是很少有人攀登的，杜甫诗中有描写，"屋前太古玄都坛，青石漠漠常风寒"，"铁锁高垂不可攀"，说明当时少有人攀登至坛顶。

大唐之后，玄都坛下的道教殿堂建筑一直断断续续的存在过，宋、元时期和明清，先在坛顶修建殿堂。从现在的遗迹看得出，因早期坛顶是用沙石铺垫，而且因外沿上部曾经发生过崩塌（抑或首次建造时只垒砌了下半部），山石暴露在外，无法营建，于是将外沿以石块向上垒高直至平整，

◎ 养心斋一角

再以沙土垫平，最上层铺青砖，作为殿堂的基础。同时，从安全角度考虑，当时堵塞了东门，只留西门出入。从遗存的建筑材料分析，坛顶的殿堂至少经过两次修建，前一次殿门朝北，后一次门朝南。关于道观最早的名称，现在已经无法考证，金元时期为玉清观，因"玉清境"为元始天尊所居，同"玄都"含义一致。有学者认为近代所传"玄都台"一名，可能是玉清观废毁后再建时恢复古称的结果。

面对着山门的青山和山门下的河流，金仙观就像一只正蹬地而起的玄鹤，整个道观建筑在玄都坛下的坡地上，鹤的两翼一翼延伸到玄都坛下面，另一翼延伸至当初种植花木和竹林的坡地上。

每天清晨，当雾气从金仙观山门前的河流中升腾起来的时候，道士们已经各自修炼结束，开始诵读道经了。那些经韵随雾气袅袅而上，乘着上升的山雾一直往空中飘去，漂浮在太虚中，在需要雨水的地方凝结成雨水降落在树木上，溅落在大地上，滋润着一切。

在道观中每天坚持诵读道经是修行中很重要的一部分，通过诵经可以祛除身体内的杂气、病气和一些不清静的念头，而且能够使阳气升腾，浊气下降，同时使胸腔内的中气发声，震荡全身的经络，使经络畅通，气息柔和。年复一年，很多修行者就是在看似如流水一样平淡无奇的岁月中归真成仙。

道士们清晨诵经的时候，经常有人看见道观对面山崖上有只白狐，在那里静静地聆听，有人说她也许是当年经常有人看见的那位狐仙。很早以前，山中早起的人们经常看见有位穿一身素衣的女子高高地坐在玄都坛上梳头，人们因此称玄都坛为梳妆台。据说那位狐仙已经在那里修炼了几千年了，对于道观中常驻的修行者们来说，这只是日常生活中所见的微不足道的一个小事情，没有人对它抱有太大热情，除非蒲松龄那样的文人们，他们需要搜寻这样的故事来吸引读者。

金仙观的修行者们居住的丹房都很狭小，整个道观的建筑从远处看是重叠在一起的，基本上没有建筑在一个平面上的，住持清尘道人的山房完全像古代隐士居住的山洞，因地形的原因和建造时的特别用心，房子被分割成两间落差接近两米的房子，那里是清尘道人修炼和休息的地方，房间里挂着一把剑和一支拂尘。

剑可以斩除邪佞和妄想，拂尘可以使尘埃远离。金仙观的庭院旁有一道门，那里是有着一千三百多年历史的竹林，虽然竹子一千多年以来一直被不断地移植到山外去，但是根还在，所以一年四季都能为整个道观送来清风，因这竹影摇出来的清风可以去除尘埃，所以清尘道人的宣纸上从来都是淡淡的墨色，虚无恬静，一如他的灵魂。

清尘道人不仅是住持道长的道号，还可以

◎ 金仙观道士在练功

◎ 金仙观道士在打坐

认为是整个金仙观道人们的心境。当夜色降临的时候，北斗七星、太白金星和月亮的光辉共同照耀着群山中的金仙观，河流里倒映着道观的灯火和星光，紫气在天地间流转，万物在无始无终地运化，这一切不知是谁创作的一幅画！

竹影摇风送清音

古老的玄都坛上现在只有清风明月，玄都坛下的竹林日日吹送出的清风犹如美妙的玄音：步虚之声。步虚声是道士在祀天的玄坛上朗诵词章的韵律，传说其旋律宛如众仙缥缈步行虚空。南朝宋刘敬叔《异苑》称：陈思王曹植游山，忽闻空里诵经声，清远遒亮。通达音律的人将此乐记录整理出来，称为神仙声。后来整理出来的文词演变成为一种诗体，五言、七言，八句、十句、二十二句不等。唐朝时玄宗李隆基作过步虚词，明朝的万历皇帝因追慕云游的武当山隐仙张三丰真人，也创作过类似的音乐。

三国以后的道教的修行者们一直都在传播这种美妙的韵律，而今这种韵律已经失传了，但也有人认为现在道教的祈天祭天仪式中采用的舒缓悠扬、平稳优美的韵律就是这种韵律的流传。

大约在汉朝时期，玄都坛上举行的祭天活动中采用的也是这样的音乐，如今古老的玄都坛不再使用了，但是道教最初沟通天地的仪式在道教徒中一直流传着。每年道教界都要举办大大小小的类似活动，在那些优雅肃穆的仪式中，道士们穿着金

◎ 晨练

黄色、绣着云朵的法衣，踏着大步，绕着玄坛，穿过鲜花，唱诵着悠扬的步虚词与上天沟通，请求大地上的生灵获得更多的呵护，祈求人类少些战争、多些祥和。

道教的修行者们在沟通天地时穿的衣服被称为法衣。法衣一般两袖宽大犹如垂云抚地，当法师展开双臂时，两只袖子与衣身合成四方形，象征大地的四维。法衣的两只袖子与衣身都绣着华美的花纹。法师行仪穿着这样的衣服踏罡布斗，旋转环绕，绛衣飘拂。法师脚上的鞋子是白漆硬底的厚靴，黑色高帮，筒及小腿。这样的靴子也被称为朝靴，只有在清洁的地方才能穿着登堂入室。

关于法衣最早的起源可以追溯到黄帝时，据说"黄帝见天人冠、金芙蓉冠，有俯仰于上，衣金星斗云霞之法服，执玉圭而前曰：帝劳心天下，为生民主，可谓德矣。帝始体其像以制法服，为道家祀天之服"。

法衣分为常服和法服两大系列。常服主要有大褂和道袍。大褂袖宽一尺四寸，右腋开襟，有两飘带；中褂则多为对襟。道袍，又称"得罗"，与大褂相似，袖宽一尺八寸以上，长短随身，青、蓝色，象征天色和东方青阳之气。法服有戒衣、法衣、花衣等。戒衣袖宽二尺四寸，长短随身，黄色，受戒时用；法服是道教做斋醮法事时，方丈、高功、经师等职司所穿戴的；对襟，长及踝处，无袖披，长短随身，根据职司的不同，所绣图案或颜色也不同；花衣，是持诵经典的高功、经师做日常功课时所穿戴的服装，素净不绣花，只是衣与襟、领有颜色间配。

法衣是法师执行拜表、戒期、斋坛时穿的，指的是全真派中的霞衣、净衣、信衣、鹤氅（又名羽衣）等，以及正一派中的行衣、罡衣、混元衣、班衣、忏衣之类。其中法衣、鹤氅等，一般以直领对襟为多。

在正式的大型仪式之外，道士们日常穿的道服是大小褂衣，或名大小衫，大多是交领斜襟的。这种外衣和内衣，大致与一般人穿着相似，但是颜色与凡俗不同，"道家的服色有褐、青和绯，是指法服而言。自唐开始赐李泌紫色之后，宋代也有赐林灵素以紫服的"。"道家着衣，是先穿道袍之类，然后在道袍之外束以环裙，即下裳，再把鹤氅、罡衣等加罩在

◎ 道士在做法事

外面"。宋时道士所戴之冠,"同一般人戴者相似,如黄冠、金冠、芙蓉冠、五岳灵形图冠、二仪冠等,……道家平时穿履,法事时穿舄,舄、履用朱色"。"至于女道士的冠服,大体也同男者相似,也是束发戴冠巾而衣道服"。

全真龙门派道士闵一得在《清规玄妙》中,记载了清代全真派的服饰,曰:"全真所戴之巾有九式:一曰唐巾,二曰冲和,三曰浩然,四曰逍遥,五曰紫阳,六曰一字,七曰纶巾,八曰三教,九曰九阳。所谓唐巾者,唯唐朝吕纯阳祖师之派裔可戴。其或老者戴冲和,少者戴逍遥,或冷时用幅巾,雪夜用浩然,平时用紫阳、一字,各从其宜。上等有道之士,曾受初真戒者,方可戴纶巾、偃月冠;中极戒者,三教巾、三台冠;天仙戒者,冲虚巾、五岳冠。巾皆用元色布缎所置。盖元为天,头圆象天;天一生水,水色属元,元机于道,以元色顶于首,尊道也。"又称:"凡全真服式,唯青为主。青为东方甲乙木,泰卦之位,又为青龙生旺之气,是为东华帝君之后

脉，有木青泰之喻言，隐藏全真性命双修之义也。朝参公服，顶黄冠，戴玄巾，服青袍，系黄绦，外穿鹤氅，足缠白袜，脚纳云霞朱履，取五行俱备之故耳。若宗、律两师，加中单礼足，方谓合式。"

道教衣冠及一切用品采撷于宇宙间最优美的意象，而且连不同季节适合不同颜色都有对应，这中间也体现着道教对宇宙万物演变有道的规律的运用。

身着金丝银线的道袍，手持各异的法器，吟唱着古老的曲调，在坛场里翩翩起舞，这就是道教流传发展到现在的斋醮科仪，俗称"道场"，谓之"依科演教"，也就是人们常说的法事。"斋"，指在祭祀前，必须沐浴更衣，不食荤酒，不居内寝，以示祭者庄诚。道教吸收此礼，祈禳之初，素食清心，沐浴洁身，谓之"修斋"。其目的初为"积德解愆"，再则"和神保寿"，后为"修道"，为修斋的最高境界。因此道教十分重视修斋，并制定了一整套斋法，是以持斋奉道。"醮"的原意是祭，为古代礼仪。道教继承并发展了醮的祭祀一面，借此法以与神灵相交感。醮有"醮法"，指斋醮法事的程序、礼仪等规矩。醮的名目很多，大凡世人有所需就会有相应的建醮名目，如祀雨九龙醮、罗天大醮等。斋法与醮法本不一样，后来相互融合，至隋唐以后，"斋醮"合称，流传至今，成为道教科仪的代名词。"斋醮科仪"指醮祷活动所依据的法规，这些常行的仪规统属斋醮科仪。道教常用的斋醮科仪有很多类型：

一、早晚坛功课。道教住观道士每日早晚例行的科仪。一是修真养性，二是祈祷吉祥，三是坚定道心，四是超度亡灵，五是体现宫观道风管理。

二、祝将科仪。这是恭迎神真登临坛场，显示祖师赫赫威灵，降临坛场，以护经护道护坛庭，达到道门常清静。

三、祭孤科仪。常用于道教晚坛功课出坛中的一种科仪，即祭祀孤魂，为亡灵超度。

四、祝寿科仪。道教用于祖师圣诞之时的科仪。

五、庆贺科仪。亦为道教用于祖师圣诞之日的科仪，一般在祖师圣诞日白天举行。

六、接驾科仪。道教专用于玉皇巡天之晨的科仪，宫观于农历腊月二十五日子时（即零点）举行迎接玉帝圣驾大典，通过此仪延请玉帝降临人间，赐福禳灾，延龄益寿。

七、大回向科仪。常用于道场圆满时的一种科仪，通过此仪，仗道威力，愆罪消除，常转法轮，普度群品。

八、进表科仪。进表亦称"化表"、"焚疏"，是道教斋醮中一种非常重要的科仪，广泛应用于各种大型的斋醮活动中。通过此仪，道士将书写信众祈愿的表文呈达天庭，祭告上苍；众圣降临坛场，赐福延龄，先灵受度。

九、水火炼度仪。道教斋醮中常用的一种科仪，用真水真火，交炼亡灵，拔度幽魂。

十、灯仪。道教斋醮中常用的一种科仪。指以灯为主要法器的一种仪式，多在日落后举行。通过此仪，照耀诸天，续明破暗，下通九幽地狱，上映无极福堂。

沟通天地的时候，道士头戴黄冠，黄冠是只受过初真戒的道教修行者才能戴的；三台冠，受过中极戒者可戴；五岳冠，覆斗形，上刻"五岳真形图"，必须受过天仙戒者方可戴；五老冠，莲瓣形，中绣五老像。其他的巾冠的佩戴也有各自严格的讲究：其中元始冠是洞真法师、太洞法量和三洞讲法师所戴；芙蓉冠是大罗金仙所戴；混元巾象征混元一气，是以黑缯糊制而成，硬沿圆帽，顶之正中留有一圆孔，以露发髻，现全真道士多戴此帽。庄子巾象征如庄子一样，无拘无束，超凡脱俗，亦称冲和巾。该巾下面为方形，上部成三角形，状如屋顶，帽前正面镶有白玉，便于正帽，象征品性端正。老年道士多戴庄子巾。纯阳巾：明朝《三才图会》称："纯阳巾，又名乐天巾，顶有寸帛，襞积如竹简，垂之于后，曰纯阳者以仙名，而乐天则以人名也。"九梁巾：类似纯阳巾。前顶平斜如尾面，排有九叠，九缝。道教奉九为极阳之数，是一切修行的最终目的，故九梁巾又象征道徒们对大道的向往。浩然巾：清代道士闵一得在《清规玄妙》中说："雪夜用浩然。"明代朱权的《天皇至道太清玉册》卷六中也有关于雪巾的记载："以玄色纻丝为之，以天鹅皮为里，凡雪天严寒皆用之以护脑。"可见浩然巾即是雪巾，此巾象征道士的浩然正气。逍遥巾：亦称荷叶巾，全真年轻道士多戴此巾。具体是用块大方巾将挽好的头发包扎起来，留有两角虚于后背，走路时随风飘动，显示出道士逍遥自在。三教巾：此巾应该是王重阳祖师提出三教合一思想时所缝制，体现了道教的包容性，崇尚和平的宗教理念，道士受了中极戒就可以戴此巾。一字巾：旧称幅巾，用青布做成布带，端头用优质木雕成太极八卦扣相互衔接，平时为了固定头边沿的短发所戴。该巾扣上为"混元圈"，散开为"一"，正体现了"道生一，一生二，二生三，三生万物"的教义思想。太阳巾：形如现代的太阳帽，主要是遮挡夏日阳光，不同的是，太阳巾是用蓝布做成。因全真道士挽发后要插簪子，便于佩戴，所以中间隆起的部分为三角形。

在进行这样隆重的仪式的时候，道人们一般要使用兰汤沐浴、斋戒，同时使用降真香来沟通天地。降真香又称降香檀或花梨母，这种植物一般生长在如华山一般陡峭的山崖上，采集下来之后，如果树干中的木质变成了紫色，便是宇宙中的真气降入其中了，只有这样的木头在点燃之后才能在天地之间形成一根直线，它的烟可以蒸腾直上接通九天。

古时人们在祭祀上帝和祖先时，往往要将祭品或是某些植物放火焚烧，使之产

◎ 与六小龄童合影

生浓烟，认为可以让其香烟通达神明。这一类做法，后来逐步演变，发展为后来的向神烧香以示敬重。道教认为香烟可以将我们的心愿通达神明，心意会借着"信香"透出来的香烟，传达给九天尊神。它是凡人虔诚的信念在升腾。在烧香的同时，道教徒存想天尊的金容，感应仙真下坛，认为他们会在香烟缭绕的云雾中降临。香除了作为供品的作用，香味还能够消除秽气，洁净坛场，这就是道教给神仙烧香的由来。

不管是道教利用玄都坛进行沟通天地的仪式，还是道教的普世理想，从远古至今一直在变迁，看着玄都坛就知道道教的智慧连同它的一些精神符号就像水一样随物赋形，它的传播向来随方设教，不拘一格；它已经流淌到这个世界的每一个地方，连计算机最初的发明也受到道教智慧的影响。但是不管怎么样，当我们已经远离大自然的时候，都需要回到玄都坛，回到山水间再次洗涤我们的灵魂，与天地做一些沟通和回归，因为我们都是大自然的孩子。

山水云间金仙观

如今,玄都坛下聚集着一些道教修行者,他们的修道生活丰富多彩;他们的山居生活以及内心流淌出来的美感,让金仙观看起来更加飘逸悠然。

终南圣境金仙观

终南山水接云端

　　自古以来，金仙观附近的山谷是隐士们的天堂，在距离金仙观十多里的山谷里经常隐居着一些道教的修行者们，他们大部分是在金仙观住过一段时间，之后在需要独自结庐静修的时候便带上一点粮食和铁锹进山了。每年隐士们会回到金仙观住几天，当然如果他们已经不需要粮食或其他给养，便很少再有人知道他们住的地方。

◎ 瀑布

　　在我最初寻访金仙观的时候，侯道长还住在金仙观南边的山谷深处，那里是一条小河的发源地，曾经是当地山民们求雨的地方。

　　新中国成立之前，隐居在子午峪幽谷里的道教修行者更多，当然没有人为他们立传。在山谷的两边，距离已经搬迁的村庄废墟不远处，能看到不少废弃已久的茅屋，那是当年修行者们的居所，"文化大革命"之后，修行者逐渐多起来。道是不会被阻隔的，就像抽刀断水水更流。

◎ 日本学者参访金仙观

几千年来，道教的建筑会有一些变迁，但修行的核心从来不会发生改变，尤其是在深山中隐修的这种传统。

自古以来，水被认为是最接近道的一种形态，而山的博大和厚重又象征着德的厚朴，有道德的人用这些山和水来洗涤心尘，磨炼性情。

从上古开始，终南的群山中因为有了那些道配天地的仙真隐士的存在，山和水慢慢地开始变得越来越有灵性，这种山水犹如蒸腾的地气，永不停息地轮回，滋生了无数犹如龙一样神秘伟大的圣真。

元朝末年，在通往子午峪的山路上，一个褐衣老人赤双足，背斗笠，风尘仆仆地向终南山走去，足下轻灵如飘飞一般，似乎足不履尘，他就是大元隐士张三丰。作为大汉天师张道陵的后裔，这年他已六十七岁，对内丹的修炼有很深功夫，只是还没有得到传承有序、了脱生死、长生久视、羽化飞升的天仙法门。自古终南多隐仙真佛，金末元初大显于世的王重阳真人就在终南山修道成真。张三丰从咸阳古道走过时，吟诗言志：

　　天边飞雁排云表，我亦长叹咸阳道。
　　咸阳古道草迷离，百代王侯尽枯槁。
　　西行万里多感怀，人生岂若神仙好。
　　任他沧海变桑田，鹤貌松姿长不老。

　　张三丰向子午峪的玄都坛走去，他想看看这个上古仙人们经常盘桓的地方有哪些神异。

　　中唐时，新罗人金可记来华修行，在子午峪修成正果。公元846—859年，即大唐宣宗时期，金可记为宾贡进士，他生性沉静好道，知道大唐是神仙祖地，老子是神仙祖师，便特来中华寻仙访道，修炼丹元。做官之暇，服气炼形，以之为乐；访道之余，静坐养神，以之为功。

　　金可记博学多才，风雅端丽，仙骨俊朗，道气清奇。他在玄都坛下遇见师尊钟离权之后，便开始真正走上了修行的道路。师尊很少出现，经常当他在玄都坛下修行遇到难关的时候，师兄华阳真人便会出现在他面前。

　　华阳真人，姓李名奇，原是大唐开元时郎官，后得地仙服气之道，居朝修炼，解官后隐居终南山华阳洞天，至唐末已三百岁，后遇吕祖，请收为弟子，吕祖见他年长，只说以道友相称，授他金液还丹大道，遂修成天仙，常与吕祖、隐居华山的陈抟老祖往还论道。一日吕祖来访，并赠诗云：

　　华阳山里多芝田，华阳山叟复延年。
　　青松岩畔攀高树，白云堆里饮飞泉。
　　不热不寒神荡荡，南来北往气绵绵。
　　三千功满好归去，休与时人说洞天。

　　钟离权祖师指派华阳真人传道给他，正如白玉蟾所说：一个人只要诚心勤谨修道，"天使圣师为汝指示发宗矣"！金可记在居处遍植仙花奇树，驯养珍禽异兽，常焚香静坐，默诵《道德经》、《参同契》、《黄庭经》。华阳真人说，修道的人必须天天、时时、处处体悟《道德经》，修仙真义，日久心

解脉开，自结神丹，这是太上老君传下来的"神修丹法"密旨，他得到老君指引，成为大罗金仙。金可记在山中经常接济穷苦，为山民治病疗伤，广积阴德，劝善一方，当地民风由此变得纯朴。他修炼精勤，待人和善。唐大中十一年十二日，金可记上表宣宗皇帝："臣日夜精思太上所授《道德真经》，得悟仙诀，修炼经年。今臣已奉玉皇诏令，为英文台侍郎，明年二月十五日将白日飞升，此陛下之恩，山人之福，上表以禀，以显圣道之不虚传也。"宣宗非常惊讶，便命使臣前去观看，并向自己汇报。

次年二月十五日，终南山还是早春，本来这时山花还没有发苞，但是这一年的春天来得特别早，这时候已山花烂漫，奇花异草，尽散天香。终南山中人山人海，玄都坛下挤满了人，长安城里很多老百姓都来看神仙升天，朝廷大员和宫女围在金可记隐修的茅庵外静候。中午的时候，金可记走上玄都坛，端坐入静。片刻，有五色彩云从东方飞来，伴有五只仙鹤，

◎ 外国友人与道长在金仙观合影

长唳晴空，鸾翔鹄舞，彩云浮空，天宇降下琼轮宝盖，幡幢满山，金童玉女，对对来迎。金可记头顶出现一团光气，光气化生百千莲叶，莲叶上端坐金可记的法身，放大光明，祥光瑞气，布满山谷。民众和官僚们跪在地上，有的口念"南无释迦牟尼佛"，有的口诵"无量天尊"圣号，有的喃喃念诵佛经道典。金可记的法身随云鹤宝幢升天而去。宣宗闻知其异，赞叹稀有，后悔没有亲自观看真人升天的奇迹，便命史馆记载此事，传之后世。

张三丰本来只想到这里看一看便继续往西，去老子讲经的楼观台拜谒太上，并且在那里挂单。但是在玄都坛下的河边，他遇见了一位老者，这位老道长在河边的石头上摆了一些草药叫卖。张三丰准备下山时，这位老者与他打招呼，问他愿不愿意去他的洞府做客。黄昏的时候，这位老者带他上了玄都坛。在玄都坛上方有一个长着松树的岩洞，岩洞里光华灿烂。张三丰一进去就知道遇见仙人了，当即请求拜师。老者哈哈大笑，让他先安心在洞府里住几天，并告诉他这个山洞不是凡人能到的，这里已经是洞天了。张三丰坐在山洞里向山下望去，长宁城里所有的景象尽收眼底。

在洞府中，老者将金丹大道秘要全部传授给张三丰，并明示身份，原来他就是火龙真人，感慨之余，张三丰随即赋诗歌两首：

一

落魄江湖数十秋，逢师咬破铁馒头。
十分佳味谁调蜜？半夜残灯可着油！
信道形神堪入妙，方知性命要全修。
自从会得些儿后，忘却人间万斛愁。
一片闲心绝世尘，震中寂静养精神。
素琴弹落天边月，玄酒倾残瓮底春。
正气朝元随日长，三花聚顶逐时新。
炼成大药超凡去，仔细题诗警后人。

二

大元飘蓬客，拂拂鬐如戟。一曲上天梯，可当飞空锡。
回思访道初，不转心如石。弃官游海岳，辛苦寻丹秘。
辞我亡亲墓，乡山留不得。别我中年妇，出门天始白。
舍我卯角儿，掉头离火宅。人所难毕者，行人已做毕。
人所难割者，行人皆能割。欲证长生果，冲举乘仙鹤。
后天培养坚，两足迈于役。悠悠催我心，流年驹过隙。
翘首终南山，对天三叹息。天降火龙师，玄音参一一。
知我内丹成，不讲筑基业。赐我外丹功，可怜谆告切。
炼己忘世情，采药按时节。先天无斤两。火候无交策。
只将老嫩分，但把文武别。纯以真意求，刀圭难缕晰。
十月抱元胎，九年加面壁。换鼎复生孙，骑龙起霹雳。
天地坏有时，仙翁寿无极！

在火龙真人的洞府中，师父指点他将来修道成道的地缘在终南山西面的山上，那里曾经是周王朝的发祥地，当年姜太公从昆仑山下山后就是从那里走向仕途的。回到红尘中已经是数月之后，张三丰真人在宝鸡县附近的山上住下来，在那里隐修了几十年之后，翻越了终南山主峰，最后到达武当山。多年以后大明皇帝四处寻访隐仙张三丰真人，并且在武当山修建了无数宫观等待他去居住。

很早就听说金仙观附近的山谷里住着几位道德高妙的道教修行者，某天我做了一些准备，专程拜访。

终南圣境金仙观

子午峪里寻真仙

时值六月,我背上了行囊,穿过北豆角村,到达子午峪。在山下的子午镇边上我看到了一条河流,它的源头在山谷深处。通往山谷的乡村土路边是挂着红灯笼的客栈和农家乐,木栅栏门里长满了树干漆黑、叶子嫩绿的柿子树,马在树下悠闲地吃草。抬首望见淡蓝色的南山,要是不怕麻烦,我甚至想牵来一匹马骑着进山。顺着河流,山路蜿蜒向上,路过一座干枯的水库时,我赶上了一位正在上山的山民。他的家在山谷深处的七里坪,那里有几户人家,他刚从山下买生活物资回来。在这条花香和流水声弥漫的山路上再看不到人迹,于是我们同行。山民告诉我,向东翻过这个山谷是抱龙峪,那里有至相寺,是佛教华严宗的祖庭。当山路和河流一起转过一个弯后,两边出现了一些山民的房子。它们都是土墙,周围长满了柿子树,路边似乎还有一些被废弃的屋子。

河边大约有十几户人家,都住着老人,青年人都住到山下的平原上去了,只有老人还舍不得这山,他们在这里耐心地等待着死神的降

◎ 灵官殿

临。再走一段路程，山谷变成一座城门的样子，河流与路面的高度差距大起来，河水变成了小瀑布。路边上有一座石头砌的小庙，里面住着龙王，不过现在只能看到神像的基座，因为几十年前神通广大的红卫兵不辞劳苦来到这里，将他的身体砸毁了。

过一座石头桥，在金仙观旁边的路口，我与山民道别。我继续往前，山径只有一脚宽，路下侧也是山泉。正午时分，蓝色的蝴蝶和白色的蝴蝶各自成群，数以百千计地聚集在泉边或是小径上，竖着翅膀，不注意看还以为那是长在地上的花或者蘑菇。我需要跺着脚提醒它们让路才可以通过。

河水和山路在山谷间不厌其烦地绕来绕去，走路就像顺藤摸瓜——山路为藤，终点就是那个瓜，只要不放弃，藤无论有多长，瓜最终能被我摸到。继续往前，我看见路边有几间山民的土坯房，两间房的门口坐着两位老人，墙上挂着破旧的木牌子，写着：七里坪小学。其实学校在很早以前已经搬到山外的平原上去了。

我在老人那里买了一支手杖，山路两边的草太深了，有了它，我在走山路时就不用担心踩到蛇了。我从另一位老人那里打听到山谷深处六年前有一位道长在那里隐居。在手杖的陪伴下我继续上路。

前面又有几家山民的房子，路从院子中间穿过，狗趴在地上对我视而不见。山路接下来基本上是夹在大石头之间，路离河流越来越远，有些地方路下面变成了陡峭的山崖，而且越来越窄，我的脚踩在上面显得稍微有点挤。草经常将路遮没了，要用手杖拨开才能继续行走。山路一会儿又回到河谷里，我终于看到山民说的石头桥，不过它很小，我直接跳到了河对岸。山路开始分岔，向东的小径将我引向一条几乎不能被发现的狭小的山沟。这条山沟太窄了，如果没有一条河流，这里几乎可以被忽略，况且还被灌木和乔木遮掩着。山径就隐没在草和密林里，路依旧在山泉边忽上忽下，路径高的地方水流回声很大，山谷很深。路边的草丛中木棉花开着，有淡淡的清香袭来。

蝴蝶忽聚忽散，山谷两边的白云像水一样流过上空，每一层都能看得清楚。在这样一条山道上，我独自一人享受着山风和静谧。走过了一段几乎要撞在一起的山谷后，山势开阔起来，一座盆地一样的山谷出现了。泉水在一些地方散开着，我踩着泉水中排列的石头过河时才意识到这条路曾经有人走过。山路将我带入一片巨大的板栗树林里，一座茅屋在山坡上露出半个顶，有条路通到那里。路边有三个相连的水池，茅屋的院门是用藤条绑起来的三根木头，门口放着一块巨石；茅屋的屋门正对着山门，屋旁有一棵椿树，一个鸟巢建在上面。

这里没有其他声音，只有泉水、鸟语和山风。空气里似乎有花香，我将手杖插在篱笆墙边，走到茅屋前放下背包。茅屋顶上盖着草，房檐下的木牌上用毛笔写着：终南子午全真庵。墙也是用茅草搭成的，墙上挂着草编的斗笠。

一位道士走出来，他没有说话，只是微微一笑，我顿感如沐春风。他是我在山中见过的最瘦的隐士，不过他的目光却像婴儿一样清亮。

他的手势和表情表示欢迎我进入茅屋。屋子太小了。一进去便是很狭小的厨房，他从瓦缸里盛了满满一碗面粉出来开始和面做饭。再进去是一面大炕，我脱下鞋子坐到了炕上。屋子里有一架小蚊帐的地方是道士的卧榻，后墙上开了两扇小窗户，从窗户望出去是我走过的山谷。我在角落里发现了屋子里唯一的家具，一只破旧的木箱子。后墙的木板上面写着："松枝带茅烧，野菜连根下。"

用这句话来为这种茅庵生活做注脚再恰当不过了。在破了洞的席子边，我发现一本用硬质书皮做成

◎ 慈航殿

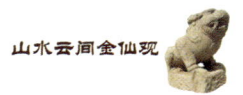

的笔记本,其中有一些句子,我将它们摘抄在我随身带的笔记本上:

《居庵》

闲人相访有何妨,唯恐闲人话短长。
真乐真闲无议论,至微至妙绝商量。
是非欲说气神散,名利谗言道德忘。
不若澄心常默默,自然彼此得清静。

《归山操》

能无为兮无不为,能无知兮无不知。
知此道兮谁不为,为此道兮谁复知?
风萧萧兮木叶飞,声嗷嗷兮雁南归。
嗟人世兮日月催,老欲死兮犹贪痴。
伤人世兮魂欲飞,嗟人世兮心欲摧。
难可了兮人间非,指青山兮当早归。
青山夜兮明月飞,青山晓兮明月归。
饥餐霞兮渴饮溪,与世隔兮人不知。
无乎知兮无乎为,此心灭兮那复为。
天庭忽有双华飞,登三宫兮游紫微。

这是金代道士马丹阳的两首诗,他是道教全真道北七真之一,道号丹阳子。据说他很小的时候即能作诗,其诗名为《乘云驾鹤诗》。大人们很奇怪一个小孩子为何有这样的想法。他二十岁时考中进士,之后被分配在一个县里主管六曹(兵、刑、工、吏、户、礼),但他却对做官没多少兴趣,他的理想是抱元守一炼气修道。据说每次喝醉酒他都会自言自语"醉中却有那人扶"。

公元1167年,即金世宗大定七年,他遇到了全真道祖师王重阳。王重阳对他说:"不远千里,来扶醉人。"马丹阳恍然大悟,与妻子孙不二同

拜王重阳为师,抛下巨大家业至昆仑山中修道。在那之前,王重阳在终南山下的户县甘河镇遇到了他的师父吕洞宾,吕洞宾教授他修炼口诀。那一年的中秋,他又一次在渭河北岸遇到吕洞宾,在那里,吕洞宾"留秘语五篇,令读毕焚之",又指着东方的天空让他看,这时他看见远处有七朵金莲结子。

后来王重阳离家后在终南山下挖了一处四米深的洞穴,取名"活死人墓",并住进去潜心修持。三年功成,他填埋掉墓穴。之后又结茅庵,专修四年,后又烧掉茅庵,前往山东。临行前他对人说:"余往东海捉马去。"这里的马即指马丹阳。

马丹阳是他在山东收的第一位徒弟,他一共收了七名弟子,史称"全真七子"。王重阳仙逝以后,马丹阳居庐墓三年,后来又回到昆仑山,建"契遇"庵,在那里继续修道。一天在山中漫游时,他忽然看见虚妙真人,而其余在场的人却看不见。

马丹阳继承全真道,自创遇仙派,广收门徒,弟子众多。平日,马丹阳传真布道,咏歌谈笑,欣然自适。一天,他突然对弟子们说:"今日当有非常之喜。"不一会儿竟阖然仙逝。

公元1269年,即元世祖至元六年,朝廷赠封马丹阳为"抱一无为

◎ 道长给媒体讲解金仙观遗迹

真人"。

马丹阳当年住过的重阳宫在距离这山下几十公里的户县。在那里我曾经遇见一位道士,我向他询问修行生活,他说他每天日出时静坐呼吸日之精,月上树梢时呼吸月之华,以达到炼精化气、炼气化神、炼神还虚、炼虚入道的目的。

一会儿,道士也坐上炕,我开始了对他的访问。我提问,他用笔在纸上作答,他先写道:全真庵中无事人,尊贫重道闲居处。客至夜宿心无碍,随闲随处得逍遥。我连忙道谢,打算在这里住一宿,第二天再下山。

问:师父止语为何?说与不说又有何区别?

答:止语闲人不相干,一心静悟太上经。多言数穷不若无,会得各种妙自知。

问:如何修炼?

答:每天吃饭,睡觉,鸟鸣而起,鸟息而睡,闲来坐坐,有空闲走,无事自安。

问:你遵循的经典是哪些?

答:以《道德经》为专修,依丹阳祖师诗言论为行持。全真道最初创立时,祖师所行是最直截了当的行持《道德经》的方法。重阳祖师《立教十五论》已经完全说明,大道要说仅此而已,关键在行持。禅宗为佛门宗派,余皆教下,实际上若依佛观之无顿渐,一切皆顿法,这是《坛经》所言,道门亦如是。龙门派邱祖所立(后人说的)当时无此分别,都依重阳祖师所教而行,重阳祖师羽化后,将其正法留至丹阳祖师,并言"丹阳已得道"为授记,因此要真正了解全真正脉,当以依丹阳祖师诗词为最明了。直截了当、最上一乘丹法当追随全真道当初"全真七子"所承载,再往后则有许多掺杂,各抒己见,我等后学当依照最初祖师心法方见正脉,若随后来,难识真伪,着力大而无功。"终南子午全真庵"即依重阳祖师《立教十五论》教化而来,亦是慢慢追寻祖师行过之踪迹,即太上云:"人之所教,我亦教之。"贵在行,不在说。

问:得道的标准是什么?记本莲瓣形,中绣五老像。

◎ 陕西电视台曹丽专访金仙观住持贾慧法

答：愚未得道，也不知道，只知道日日如是而已。

问：我看到一些大的道观里很多师父们整天活跃于社会中，为人安家、看风水，这些也是修行之一吗？

答：古仙师有言："历劫度人。"道有体、用，体即全真初祖们所行持之道，用即你所说等等，是为世间众生而显用。

问：听说终南山中有道士练气，过着"顶戴松花吃松子，松溪和月饮松风"的生活，每天只吃一颗松子或一根松针，你知道他们在哪吗？

答："天下修道，终南为冠"。终南自古是仙乡，现在亦复如是，世外高真隐士大有人在，至于在哪里，有缘自会遇见。

问：佛教修到一定层次时讲究"闭观"，道教的"闭观"有何不同？

答："闭观"亦是常事，平常日用即是"闭观"。没区别，是你分别。"闭观"全真道叫"坐钵"或"坐环"，或"居环墙"，自有道理。

问：为何古代有那么多人证道，到了近代却很少？

答：祖师悲心关怀众生，只因我们妄心求取，难得稳受教化。"历劫度人"是仙道自然之理，现世劫难正切，因此至诚者自可得遇得闻。

问：听说终南山五百多位出山修行人每月八十元供养都由香港一位大居

士造册发放,是这样吗?

答:那是佛教,道教未听说。

问:你生活来源从哪里来?

答:损有余而补不足,常携竹杖逍遥游。无则街道长展乎,余则有施随难处。(或印经)清苦是大乐,末法时期,各有所好,各有缘生。

问:你住山不觉孤独吗?比如每逢佳节,山下繁华世界,一人住山独坐对清影,日子不难熬吗?(我提问时,道士神思悠远,望向门外的青山很久,落笔回答。)

答:"临国相望,鸡犬之声相闻,民至老死不相往来","甘其食,美其服,安其居,乐其俗"。

全真庵主人姓侯,家在漕溪,生于海南,长在珠海,来终南山以前他是海南一家公司的总经理。小时候他对人生就有很多迷惑,无法解答。他曾经学习气功,后来放弃了,他说那些是妄心妄念妄能,不是究竟。1989年他在华山玉泉院出家,在那里他跟师父一起度过了十多年的道观生活,后来到了这里。他带我去看过他最初来到这里时住过的茅屋。那是个四面走风的屋子,不同于旷野的地方只是有个透风的屋顶而已,是山民以前遗弃的。后来他自己动手建造了现在这个茅屋,顶上覆着茅草,茅草上压着木头,木头用树藤绑在了房子的檩条上,茅草下面用塑料布做防水处理,厨房的房檐是用芦苇秆编成的,足够透气,但是冬天的时候山风也会来光顾。

他在这里住了两年,也止语两年。他计划在这里止语十年。他说在华山东峰对面的王道岭有道士在住山洞,可以去碰碰运气,看看能不能与他们相遇。我问他的师父是谁,他告诉我道从来都是有师承的,道门中独特的传承,世人不可能知道。如果你真心求道师父会来找你,至诚感通,关键在于你有一颗什么样的心。

我们结束纸上对话,抬头时已经到了吃饭时间。

侯道长去烧饭,他建议我有兴趣可以去看看茅屋旁的鸟巢。那个鸟巢建在树枝的最中央,这棵树不是很粗,山上的风很大,鸟巢在风中随着树摇摆，看着让人担忧。

饭做好了，我们坐在树墩上开始享用面条。面条做得很专业，调料里没有盐，我找到盐罐，里面一点也没有剩下。庆幸的是有一盘炒莴笋，那是侯道长刚从地里采来的，我胃口极好，面条吃完后，侯道长重新给我煮了一把挂面，很难堪的是我最后吃剩了一些，我想是我太贪婪了。

吃完饭，侯道长带我去看鸟巢，他说这只喜鹊为了搭窝花了半年时间还未搭上一根树枝，所有枝都试过，就是搭不上，可能因为这个椿树的旁枝太少而树枝又非常光滑，如果是在其他地方那是很容易的事。它为何不选择别的树去搭，我想这是这只喜鹊与道士之间的秘密。到去年过了年后，第一根树枝终于搭上了，不到十五天鸟巢大体完工，搭庵修道也一样。

巢搭好了，也有小鸟了，在地震的前一周，它突然又开始搭巢加固。他带我去看喜鹊搬的树枝，顺着他的手我看去，在那个巢下面有三根拇指粗的树枝，这些树枝比喜鹊的身体重两倍不止，想象不出喜鹊是如何做到的。侯道长说，人不如鸟，人若能有此专一之心，何事不办？下午侯道长在庵中打坐。院子里有砍刀，我从门外拉来几根树枝，学习砍柴。我的身边是那块挡在门口的大石头，砍过柴道士告诉我，这块石头叫"无心石"。他说，这是地震前一周移下来的，结果虽然地很平坦，三个人一起移到门口怎么也移不动了。后来他们下山去了，地震后回来，看见本来计划将石头移至的那个位置裂开了一道缝，如果移到那个位置，石头就掉下去了，石头有心无心？他带我去看了前两天6.5级余震震出的裂缝。

下午我随侯道长去菜地拔草。草和菜一样茂盛，菜地边上是三个水池，饮水就从这里取。这三个水池上下错落，最上面的水池，有溪水从草丛中渗过来，水质清澈，能透见池底，水池周围没有杂草也没有虫子；第二个水池低一些，从第一个水池溢出的水直接流进第二个水池。第二个水池中有一些蝌蚪，第三个水池里更多。我问道士这水池有何奥秘。他拿来一把锄头在第一个水池里开始搅动，水旋转起来，过了一刻，浑浊的水逐渐变清澈，恢复如初。

侯道士说，这三眼泉水就像人身上（神）、中（气）、下（精）三丹田。

山水云间金仙观

太阳像一只大鸟一样收起光芒四射的翅膀,夜色进入山谷,侯道长开始在院子里走动。他挥舞着手,抬脚,舒展手臂,像要飞翔,又像在散步或舞蹈。他的动作很优雅,我想他是在打一套古老的拳法。夜色彻底落下来,人似乎掉进墨汁里了。茅屋里没有点灯,我坐在黑暗中听着夜鸟的歌声,侯道长在一边打坐,他的喉咙不断发出咕噜咕噜的吞咽口水的声音。我听着这些声音睡着了。

第二天早晨,我在满山的鸟鸣声中起床,心想侯道长应该不依赖钟表看时间,鸟声会告诉他时间的。我一直好奇他的蚊帐那么狭小,不知道他究竟是怎么睡觉的,回想了一下昨天夜里我恍然大悟,原来每天晚上他都是在打坐中度过的。早饭是在砂锅中煮出来的玉米板栗红薯粥,炉子通向火炕,柴火的烟进入炕里都变成了热量。

虽然我一直排斥喝粥,但这餐粥被我喝得干干净净,就差去舔干净留在碗里的残米了。吃完饭,我参观了挂在门背后的蓑衣和超大的斗笠。披上蓑衣、戴上斗笠,我变成了一个山寨版的隐士。侯道长说这附近还有一位道士也在止语,我顺着他的手指方向看去,满目青山,除了清风过处,林海如潮,什么也看不到。他建议我不要去打扰为好,我连忙点头,然后

◎ 上善池

准备向他道别。

侯道长说所见所闻皆非道，不必在意，如婴儿，看见什么不加意识分别，即是真。临走他送我一双芒鞋，叮嘱我脚踏实地，一步一步走，脚下会生起光明。

回望藏有侯道长的子午全真庵的山谷，淡淡的山峦因为遥远变成了淡淡的烟蓝色，玄都坛也与天地连在一起，天地苍茫，苍茫中又会走出来更多优秀的华夏民族的人杰和仙真圣贤。

钟离权祖师不会再继续漫长的等待，元丹丘和金可记们也不会孤单，那里仍然会在特定的时间升腾起紫气，通天彻地，福泽更多的人。

玄都坛下一画仙

　　天地鸿蒙分判之后，青气青光归东方，赤气赤光归南方，白气白光归西方，黑色黑光归北方，黄色黄光归中土，有上古伏羲画卦之前，无极玄妙先天真气就开始以丹青妙手调和五色造化万物。五色对应五音，五音对应五脏，五脏对应五季，五季对应五方，五方对应五味，五味归于五行，这些无不是画工的事。一切有形的万物都在赋形着色来体现造化的玄妙大道的无所不包，道家是大山水大宇宙的调和者，烟云雷霆、白雪月光、板桥秋霜，这些事物都有真形真气神妙贯穿其中，正是洞察这些妙处才会产生中国古代那些深受道家影响的绘画审美。

◎ 清尘道人向徐亚林先生赠画

185

中国画讲究外师造化,中得心源,这些正是道家世界观的集中反应。道家看待一切都是自然,自然就是道。从这一灵感出发的中国绘画发展出了以线来表现神韵,后期以墨色与水为表现语言,都没有脱离开对道的参悟。计白当黑等等思想正是道教清虚淡远的意蕴。

玄都坛下,金仙观住持清尘道人就是一位以水墨来参悟天地造化玄妙的修行者,唐朝时,吴道子也是这样一位以丹青来参悟道德玄妙的修行者。

吴道子是中国唐代第一大画家,被后世尊称为"画圣",被民间画工尊为祖师,中国山水画的祖师。他创造了笔间意远的山水"疏体",画中的人物衣褶飘举,线条遒劲,人称莼菜条描,具有天衣飞扬、满壁风动的效果,被誉为吴带当风。道教中人称他为"吴道真君"、"吴真人"。

吴道子的画笔可以夺造化之玄妙,赋笔下的形体以神,神韵从来是对一位画师最高的要求,能够生神则能造化生命,能够造化生命则几近于道。

在道教的世界观中,一切似乎都可以概括成为图象,道教最著名的无极、太极八卦图就是对于大道最简约的描绘,语言浓缩到极致就类似符号。在宇宙中道是最大的画师,它可以画出有,同时也在画无,画出了宏大的宇宙,又画出了无数无量的微妙世界。道教认为天、地、水乃至于人皆一气所分,仙境也是"结气所成",它们相互感通,构成纵横交织的立体网络。但因气质清浊之异,而上下有别,故《天地宫府图序》称:"道本虚无,因恍惚而有物;气元冲始,乘运化而分形。精象玄着,列宫阙于清景;幽质潜凝,开洞府于名山……诚志攸勤,则神仙应而可接;修炼克着,则龙鹤升而有期。至于天洞区畛,高卑乃异;真灵班级,上下不同。"《洞天福地岳渎名山记序》亦云:"乾坤既辟,清浊肇分,融为江河,结为山岳,或上配辰宿,或下藏洞天。皆大圣上真主宰其事,则有灵宫闶府,玉宇金台。或结气所成,凝云虚构;或瑶池翠沼,注于四隅;或珠树琼林,疏于其上。神凤飞虬之所产,天骥泽马之所栖。或日驭所经,或星缠所属;含藏风雨,蕴蓄云雷,为天地之关枢,为阴阳之机轴。"按照这一理论,不仅天上有仙境,地上海中皆有仙境;不仅地上海中有仙山,而且天上亦有仙山。天上仙山乃真气所化,又下应人身宫府。

《五岳真形图》，这种图形的画法，有点类似现代地图的分色标示法，黑者为山，赤者为水，黄者为洞天之口。在修道者看来，《五岳真形图》不仅是一幅地图，更是"迎真达灵"的信物。佩带此信物，可以辟邪去灾，还能使修道者知晓灵山仙真之观舍、采药炼丹之名山。同时，对修道者也是一种警戒：天地万物都是有感情的生命体，一山一河，一草一木，都有自己的尊严和神灵。善待万物，将会受到万物的迎拜和帮助。司马承祯入主王屋山修道期间，潜心研究唐以前的道教洞天福地说，同时仔细察究王屋山山形山势、洞穴、涧水和四时风雨云气，完整地提出了天下"十大洞天、三十六小洞天、七十二福地"之说，并且编集成《天地宫府图》。

◎ 清尘道人的国画

宇宙中的轻清者上升为云雾，重浊者为大地山石，一切无形都从无生象，成象而后一切才开始，道教的叙述方式最早就是从象开始，用图说话，天地自然为大宗师，丹丘修炼就是应用造化的大元素来做大画。

历史上的很多高真都曾留有仙图。清尘道人白天作画，夜晚就进终南

◎ 清尘道人的国画

山的洞天中悠游，那里有仙鹤和麒麟在散步，玉树琼花，玄浆雪梨，无限妙曼。

与一般画家不同，受道教影响的画家会通过静坐玄览来看到内心的世界，那才是一个更大的宇宙，在那里琼楼玉宇，云蒸霞蔚，宫殿都用紫气凝结，山川为玉石所化；妙音仙乐袅袅升腾从无间断，空中云车往来，兰草幽香，灵芝云集，每一个物质都可以与之交流，那里通往不死之乡，遍地都是华胥。

在道教世界中，与画画类似的是道士画符，符本来就是图画，既是图画也是文字，图画与文字之间本来区别不大，"一点灵光即是符"，符是有能量的真形，画在纸张上可以沟通天人，获得感应，这也是天人交流的一种方式，而绘画也是一种内在天地与外在天地之间的沟通和交流。

在道教中，不管是画符还是绘画都是练心、练静互为表里，心静则杂念消除，邪念无以生，恶意无从起，一片空白，清明神灵易近。清尘道人作画时会净手焚香，静坐调息，气息调柔，若有若无，出入于混沌之间，后天之上，一点灵光独耀时才开始落笔作画，这样作画，人画合一，物我

◎ 夜景

合一，所画的一切都有灵气和神韵，这样的境界也许只有寄托形体与寄情山林才能获得。昼夜之中阴阳交替，四季之中天地呼中有吸、吸中有呼，天空中的灵气下降，会灌入那些寄托身心于山林中的修行者，那是真正的醍醐，是一种天地之间的大能量大智慧。拥有这样的力量来飞舞笔墨画无所不造，赋形皆得神韵。

在一个真正的丹青修炼者眼中，大地皆为宣纸，水上亦可以作画，岩石、白云、树叶之上都可以入微，营造一个世界，佛家云："一花一世界，一叶一菩提，心如工画师，能画诸世间，五蕴悉从生，无法而不造。"

终南山的群山岩缝中，四处都是没有展开的画卷和留白，以及等待着丹青妙手挥毫的宣纸。

夺天地之造化，笔下有生机，也许会有一天，清尘道人用丹青妙笔在白云上画出终南洞天并且自己跳进去，卷上画轴。

千年回眸修心地

　　道教祖庭之一的金仙观揭示了大道的无处不在，并与我们合一。这就是道教文化的精神意蕴，以及其所传达的永恒不变的对于生命的呵护。同时，大道通过金仙观将目光投向山外更广阔的红尘。

终南圣境金仙观

人人都是谪仙人

　　道教有一句古话，"人人皆可成仙"，这话不用存疑，道教修炼的最高境界被称为大罗金仙。金是不坏朽的，即使溶解也不会改变其性质，金仙就是不生不灭超出生灭，一切有形皆会坏朽，只有真性大道不生不灭，"玄都坛下好修仙"，金仙观在昭示着我们每个人都要去探寻的那个不生不灭的大道真我。

　　真我在自身从来没有远离，只有找到它才能处处是仙乡。世界上的宗教中，道教在东方属木，主生发，所以看到生。佛教起自西方，看到了死。道教和佛教最终想要指引给人们看的是那个不生也不死的真我。本来我们都曾经在妙乐国里、妙乐乡中，只因为我们被欲望左右才失重掉落凡尘，要回到故乡去我们每个人都可以，你可以掬一捧清泉清洗自己的眼睛，将这个世界看得更无障碍一些，也可以进入终南山去听听那些悠扬的玄乐，在那里获得山河大地静谧无言的爱。对于红尘中的事情，将它们看得淡一点，就像数千年前屈原遇见的那位隐士，在划船离去的时候淡淡地慨叹："沧浪之水清兮，可以濯我缨。

◎ 财神殿

沧浪之水浊兮，可以濯我足。"不管怎么样，最差还是有水可以洗脚也不错，不论清浊，这水也能使我们看到道的存在。

向着道走去才不会辜负古人们在这群山之间修造的大量优美的建筑群，它们无一不在阐述着那个究竟的真理，并且指引我们最终找到自己。

那些终生将自己的身心寄托在山林间的修行者，穿过迷乱的尘世喧嚣向着古老的玄都坛下走去，任窗外四季风景变幻，他们在坚守什么？道又在哪里体现？

◎ 财神

◎ 曾兴承道长

曾经这些疑惑使我们以神秘的眼光看着那些玄衣飘飘的人们。耕种的季节走进玄都坛下的金仙观的时候，你会看到道人们在挥汗垦地，即使那么小小的一块泥土，他们也会种上绿色的植物或者蔬菜，这个传统自古以来从未改变，即使现在是信息化时代，山外面四处都是水泥高楼，泥土已经很少再看得到了。道人们在泥土中小心翼翼地播撒着种子，看着种子发芽、抽枝、散叶、开花、结果，生命就这样流转。

保持朴素的生活，存一颗孩子

◎ 李兴都道长

的心看待世界和对一切人，这就是子午峪中的道教修行者们坚守并且修持的那个常道，世界范围内，凡是老子的信徒都信奉这个永恒的教诲。

道人们也会下山，带着物资送给那些偏僻贫穷的乡村小学，或者修一条路，建一座桥，但是没有一个是为了自己占有，圣人之道为而不争，对于财富的应用，2000多年前一位道家的修行者范蠡早已经做出了榜样，后来的人们尊称他为财富之神。

怀着对一切生命的爱和尊重，这不光是道教的修行者们要修习的课程，也是所有人需要学习的。

陌上花开迟迟归

披一身烟岚，你从终南山上下来，在河边洗手，低着头看那些倒映在河水里的山，玄都坛在云雾之上隐现莫测，你回到城市中很久，但是会留下一个习惯，总是推开朝南的窗子，目光像云雀那样飞扬起来，想要看青山绿林中那一抹烟蓝色的道袍，那些读着黄卷的修行者，他们坐在岩石上检阅着白云，山花在衣服上落了一身一身，挥之不去。

泉水潺潺，清音回荡……虽然今生不能做道士拂去尘埃，但是你可以挂个篮子上山去，沿着游人如织的环山公路，挤上通往西安野生动物园的公交车。公交车总是那么拥挤，看着窗外的青山，你可以暂时松口气，一切都变得可以忍受。下车再返回来几公里，缓缓而行，一路欣赏野花烂漫。在玄都坛下的金仙观与清尘道人共话，画室中，品茶论道，探寻人生与道的意义；你可以与法念道长共同学习道家太极，你可以与兴扬道长共话诗词歌赋；你可以自己去玄都坛边上欣赏桃花……当然时间要在四月，

◎ 金蟾石

◎ 清尘道人"天人合一"

你可以坐在竹林边上吹吹清风。

在道观中，也许你还可以感应到道教的某位祖师，并且和他相识，他们在那里从来没有离开过，就在那里等待着有缘分的人，前提是你必须要热爱大自然，把自己当个诚实洁净的孩子。

也许金可记以及他之前的那些神仙的故事会在你身上重演，这是真实的，请不要分辨自己是在现实生活中还是虚拟的世界里，因为美妙的境界总使人容易怀疑它的真实性。

返回城市的途中你可以在路边上摘一些野菜，野菜的品种以及如何识别，可以请教道观中的修行者，他们对此很熟悉。

当回到城市中，穿行在人流中的时候，虽然耳边响着震耳欲聋的音乐，鼻子呼吸着汽车的尾气，你也可以听听自己身体内血液流淌的声音，它们日夜轰鸣，为你而流淌；天上的日月星辰也在为你而明亮，它们二十四小时在为你传送着能量。不管你在哪里，尽管你可能睡着了，你也可以朝着自己的内心望去，那里芳草碧绿，流水潺潺，鸟鸣从这个山谷传到另一个山谷；阳光明亮，花树芬芳，白云升腾，金色的楼台若隐若现，弦乐犹如空气丝丝入耳……那里正是终南山，以及古老的玄都坛，那里是太阳和月亮休息的地方，也是人类灵魂的故乡。

◎ 清尘道人题

图书在版编目（CIP）数据

终南圣境金仙观/贾慧法主编；张剑锋，梁兴扬编著. —北京：华夏出版社，2014.7

（中国道教文化之旅丛书）

ISBN 978-7-5080-8123-6

Ⅰ.①终… Ⅱ.①贾… ②张… ③梁… Ⅲ.①道教－宗教文化－介绍－西安市 Ⅳ.①K928.75

中国版本图书馆 CIP 数据核字（2014）第 105770 号

终南圣境金仙观

作　　者	张剑锋　梁兴扬
责任编辑	刘淑兰
出版发行	华夏出版社
经　　销	新华书店
印　　刷	北京市华宇信诺印刷有限公司
装　　订	三河市李旗庄少明印装厂
版　　次	2014 年 7 月北京第 1 版　2014 年 7 月北京第 1 次印刷
开　　本	720×1030　1/16 开
印　　张	13.25
字　　数	190 千字
定　　价	39.80 元

华夏出版社　网址：www.hxph.com.cn　地址：北京市东直门外香河园北里 4 号　邮编：100028
若发现本版图书有印装质量问题，请与我社营销中心联系调换。电话：（010）64663331（转）